# 如／何／说，
# 员工才会听，
# 怎／么／带，
# 员工才愿干

把身边的庸才变成干将，把平庸团队变成精英团队

从低效管理到卓越管理，让员工心甘情愿追随你

付燕君 编著

扫码收听全套图书

扫码点目录听本书

成都地图出版社

**图书在版编目(CIP)数据**

如何说,员工才会听,怎么带,员工才愿干 / 付燕君编著. — 成都：成都地图出版社有限公司, 2018.10(2023.3 重印)

ISBN 978 - 7 - 5557 - 1078 - 3

Ⅰ. ①如… Ⅱ. ①付… Ⅲ. ①企业管理 – 人事管理 Ⅳ. ①F272.92

中国版本图书馆 CIP 数据核字(2018)第 237939 号

## 如何说,员工才会听,怎么带,员工才愿干

RUHE SHUO,YUANGONG CAI HUI TING,ZENME DAI,YUANGONG CAI YUAN GAN

编　　著：付燕君

责任编辑：陈　红

封面设计：松　雪

出版发行：成都地图出版社有限公司

地　　址：成都市龙泉驿区建设路 2 号

邮政编码：610100

电　　话：028 - 84884648　028 - 84884826(营销部)

传　　真：028 - 84884820

印　　刷：三河市宏顺兴印刷有限公司

开　　本：880mm × 1270mm　1/32

印　　张：6

字　　数：136 千字

版　　次：2018 年 10 月第 1 版

印　　次：2023 年 3 月第 16 次印刷

定　　价：35.00 元

书　　号：ISBN 978 - 7 - 5557 - 1078 - 3

# 前　言

一个企业能否成功，关键要看它有没有一个分工明确、团结一致的团队；一个员工能否成功，关键要看他是不是找到了适合自己的团队，能不能在团队中顺利成长。同样，一个管理者能否成功，关键是看他是不是善于激发团队的凝聚力。

如何说，员工才会听，怎么带，员工才愿干？优秀的管理者可把团队里的每个人都培养成各司其职的干将，可以把各抒己见、众说纷纭的不同意见整合成统一的行动方略，让每个团队成员都心服口服地接受命令，坚决执行；优秀的管理者可以把各自为战、自行其是的团队成员团结在一起，让大家互相协作，完成最终目标。

日本著名领导力培训专家守谷雄司说："成功的管理者应该了解下属，能培养优秀的下属，能推动企业和个人不断向前发展。"而管理者了解下属、培养下属的过程，就是提高下属完成工作的胜任能力。只有每名下属都能够独当一面，团队才能形成巨大的能量。只有这样，团队或企业才能不断前进。

管理者所扮演的真正角色是带领员工走向成功的引路人。俗话说："美玉非天成，妙手巧雕琢。"任何一块璞玉未经雕琢前都不会令人称奇，经过人工雕琢后方能成为绝世佳品。每名员工都是一块璞玉，就看管理者会不会雕琢。 管理者雕琢得越精心，员工的才华就会展露得越多；管理者雕琢得越耐心，员工从庸才成长为将才的道路便会越平坦，员工才会成长得越快。

本书主要从如何与员工有效沟通、合理使用有特点的员工、设立团队的共同愿景、激励团队成员的工作热情、如何让目标成果落地等方面进行详细阐述，指导管理者打造高绩效团队。 通过对生动案例的深度剖析，管理者将了解到团队组建及管理的相关技能，针对团队管理中普遍存在的问题，有的放矢地加以平衡与协调，进而打造出一个高度职业化的团队，最终在激烈的市场竞争中取得成功。

这是一本帮你打造高效能团队的必读书，它不仅仅会帮你的团队赢得竞争优势，还会让你的工作绩效大大提升，达到团队共赢。 当你耐心阅读完本书之后，相信你也能成为一名卓越的管理者。

2018 年 8 月

# 目 录

扫码点目录听本书

# 第一章

## 批评、表扬与说服，要学会说的艺术

扫码收听全套图书

扫码点目录听本书

# 批评下属要看场合和对象

扫码点目录听本书

　　批评下属并不是错误，但应掌握批评的技巧，不然被批评的下属不但不服气，反而会对你产生怨恨！批评下属的时候要看看场合和对象。批评时，不要让第三者在场。对下级的一般性过失，不要当众批评，特别是不要当着其他下级来批评。有别人在场，会增加下属的心理负担，会影响其接受批评的态度，正确的办法是和下属个别交谈，这时下属会体会到管理者对自己的关怀和体贴，有利于认识自己的问题。有些问题必须当众批评或通报时，应在事先或事后做好对方的思想工作，帮助其打消顾虑或抵触情绪。批评在某种意义上是一件高难度的事，其技巧起码比表扬要高。因为不同的人由于经历、文化程度、性格特征、年龄等的不同，接受批评的能力和方式有很大的区别。因此，批评一定要因人而异，不要不顾对象。因为，一种批评方式对这个下属有效，但未必对另一个下属有效。

　　一般来说，人听到批评时，总不像听赞扬那样舒服。受到称赞总令人愉快，会给人一种惬意的感受。而批评会使人有不同的反应，有人会努力改进，有人会心灰意懒，也有人恼羞成怒，甚至有人会在批评后寻求报复。因此，对不同的人采用不同的批评方式，才能达到理想的效果。这就要求管理者根据不同批评对象的不同特点，采取不同的批评方式。

（1）对于自尊心较强，而缺点、错误较多的人，应采取渐进式批评。这种批评方式的特点是，管理者由浅入深，一步一步地指出被批评者的缺点和错误。有时，一次不能接受，可以分几次谈，让被批评者在思想上逐步适应，渐进地提高认识，不至于一下子将被批评者的缺点、错误和盘托出，使其背上沉重的思想包袱或"谈崩"，达不到预期的目的。

（2）对于思想基础较好、性格开朗、乐于接受批评的人，则要采取直接式批评。管理者可以开门见山，一针见血地指出被批评者的缺点、错误，这样做，被批评者不但不会感到突然和言辞激烈，反而会认为你有诚意、直率，真心帮助他进步，因而乐意接受批评。

（3）对于经历浅薄、盲目性大、自我意识较差、易受感化的青年，应采取参照式批评。这种批评方式的特点是，管理者运用对比的方式，借助别人的经验教训婉转地指出被批评者的缺点、错误，使被批评者在参照对比之下，认识到自己的缺点、错误，做诚恳的自我批评。

（4）对于脾气暴躁、否定性心理表现明显的人，应采取商讨式批评。这种批评方式的特点是，管理者以商量讨论问题的形式，平心静气地将批评的信息传递给被批评者，使被批评者感觉到是一种平等的、商讨问题的气氛，因而能较虚心地接受批评意见，避免对抗情绪的产生，达到批评的目的。

（5）对于性格内向、善于思考、各方面比较成熟的人，应采取发问式批评。这种批评方式的特点是，管理者将批评的内容通过提问的方式，传递给被批评者。被批评者通过回答的形式来思索、认识自身的错误。

如果不会因人而异地批评下属，很容易使下属产生不公正的想法，所以切记不要不分对象地批评，知道什么是失败的批评方法。那么怎样才能做到既不损员工尊严，又令他们甘心情愿地改正错误，并照你的意思行事呢？这是一种艺术。

## 打罐说罐，打盆说盆

将处罚转变成一种个人攻击是很不明智的，管理者也许都知道，处罚和斥责应该针对员工的错误和达不到标准的成绩，但是，接下来，他们很容易进行各种各样的激起员工反抗的不恰当的或过分渲染的评论，无论是在书面表达中还是在口头处罚时，管理者都要注意。

在你批评员工之前，花点时间来了解员工。你可以阅读一下你公司里存放的该员工的个人档案。准备一些在谈话过程中可能引用的材料，个人档案有时候能提供给你一些关键性的资料，比如员工被雇用的时间，过去的纪律问题、过去的成就，还可能有一些先前的职位、头衔等情况，对这些情况的掌握可以增强你的信心，如果在谈话中你能恰当有效地利用这些信息，可以使员工意识到你对他很重视，至少来说比较感兴趣——而不是冲动地进行处罚。

避免影射别的东西。在批评的过程中，要注意话题的范围，不要对员工进行胡乱攻击，而是要竭力分析员工为什么没有产生满足要求的业绩或没有遵守规章制度。针对所要解决的错误提出问题并提出解决问题的方法，从而最终解决问题是最重要的。 如果仅仅停留在问题的表面，仅仅关注错误本身而不设法解决问题就显得比较肤浅。 要知道，谈话的目的是为了让员工认识到自己的错误，并在以后的工作中减少或不再发生。

当员工触犯你的时候，不要对员工进行人身攻击，哪怕此时你对员工的无理行为很气愤。 一个愁眉苦脸、讥讽嘲弄或者怀恨在心的人可能会使你暴露出最丑恶的一面，所以，坚持解决眼前的问题，不去攻击对方的人格是很重要的，也是很关键的。 大多数人在心理上都会对承认自己犯错误产生抗拒。 如果一个员工没有达到所要求的业绩或标准，他们在心理上总是很愿意假装所有事情都很好，甚至不想听到上司详细地分析自己的错误。 这时你的任务是引导他们认真分析自己的错误，让他自己找出症结所在并提出解决问题的方法，如果在这方面有困难，你可以提供适当的指导性帮助。 如果你盲目地自以为是地干预，你就会发现你遇到的是否定和反抗，而不是悔恨的接受。

保持一种心平气和的无威胁性的语气说话。 客观地评价员工固然很好，但是这样做不容易得到员工的认同，或许对员工的糟糕成绩进行客观的评价和描述会引来员工的嘲笑与直率的否定，接着，你要花费力气来抵制员工的反驳或对你的人身攻击。 如何才能使员工认识到自己的错误并愿意改正，同时又不伤及大家的面子呢？ 你可以这样开场："的确，我们看问题的方式不一样，基于我的观察和这些行动报告，很显然，你的业绩没有达到我们设定的工作标准。 你能解释一下在这一点上我们的看法为什么有分歧吗？"这种做法会带来透彻的、坦率的对话。 员工会珍惜你给他的这个陈述自己理由的机会，即使你认为他是在狡辩、推托。但是，通过认真仔细的聆听，你可以获得可靠的信息，并且可以给你的员工留下一个善解人意、柔中带刚的上司的形象。

管理者一定要记住，批评员工是因为他违反纪律或业绩达不到标准，批评的目的是为了鞭策员工，激发员工的潜能，而不是要对其进行攻击。俗话说：打罐说罐，打盆说盆。不要让你的批评跑了题、变了味。

## 学会"三明治"式批评

一家健身公司，每次遇到需要批评下属的场合时，领导都很讲究技巧。一次，经理看到前台小陈在接待顾客时，没有微笑，于是她走上前对小陈说："刚才你接待顾客时，讲话的语气很不错，但如果在你说话的过程中加点微笑，则会显得更加有亲和力。不过，你的业务操作能力表现得很熟练，我相信你能做得很好。"经理轻松的批评，让小陈立刻意识到了自己的不足，欣然接受了经理的建议。

下属往往喜欢被领导赞许与肯定，而不喜欢受到责备与批评，这是人的本性。人在本能上对批评都有一种抵触心理，人们总是喜欢为自己的行为辩解，尤其是一个人在工作中已付出很大努力时，对批评就更敏感，也更喜欢为自己辩解。为此，管理者在批评下属时，可以寻找一种不同于直接批评的方法，让对方欣然接受你的批评，达到使其改正错误和不足的目的。上面案例所用的就是"三明治"式批评。

所谓"三明治"式批评，就是厚厚的两层表扬，中间夹着一层薄薄的批评，即表扬—批评—再表扬。这种批评方式，效果较好，被批评者容易接受，不会对管理者产生反感。为什么呢？就是因为批评是一种否定，表扬是一种肯定。三明治式批评，用了两个肯定、一个否定，肯定多，否定少，容易使被批评者心理平衡。实际上，批评并不是否定，而是对一个人的帮助与改进。这里只不过是利用了这种正常的心理反应罢了。这种两头赞扬、中间批评的方式，很像三明治这种中间夹馅儿的食品，故以此为名。

当批评一个人时，先对其表扬一通，使其心情愉快，自信心增强。在表扬员工的时候，最好针对他的实际情况进行整体赞许，然后抓住一个细节进行放大，也就是将员工的优点放大，让员工感觉到领导在时时刻刻关心着他，同时自身的价值也得到了领导的肯定。接着，就渐渐引入到重点内容，指正员工的缺点或不足。在此之前管理者最好主动替员工辩解，让其知道领导在任何时候都是站在员工的角度。最后，给予员工勉励和期盼，让其充满信心地投入到以后的工作中，并根据领导的引导积极改正缺点。

美国著名女企业家玫琳凯·艾施就是如此。她主张，批评要用"三明治"式，将批评隐入两个大的赞美之间，力避单刀直入地训诫或指责，以免使人难堪。因此，玫琳凯·艾施在批评部属时总是先赞扬被批评者的优点，从赞美中隐喻或捎带批评，最后再给予鼓励。

用这种方式进行批评，对方就不会太感觉丢面子，减少了因被激怒而引起的冲突。这种方法在很多情况下也是比较有效的，优点就在于由管理者讲下属的长处，起到了替下属辩护的作用。下属的能力、为人、工作的努力等方面，有很多可以肯定的地方，管理者如果视而不见，对方可能会觉得不公平，认为自己多方面的成绩或长期的努力没有得到应有的重视，而一次失误就被抓住批评，大概是领导专门和自己作对。而管理者首先赞扬对方，就是避免下属的误会，表明上级、同事对他的工作的承认，使他知道批评是对具体事而不是对人的，他自然也就会放弃用辩解来维护自尊心的做法。

另外，在整个批评的过程中，管理者一定要注意自己的语气和表情，切忌让员工感觉到你是假心假意的，保证谈话有一个非常轻松愉快的气氛。

## 如何让你的批评软着陆

软着陆是相对于硬着陆而言的。众所周知，人造卫星或宇宙飞船着陆时有两种方式，一种是通过减速，达到软着陆；另一种则是在着陆前就将探测数据送回地球接收站，然后以较快速度直接击中地球或者其他星体。相比之下，第二种着陆带有破坏性。同样，作为管理者，在与下属谈话时，尽量让自己的批评软着陆，才能赢得下属的好感和尊重。若是管理者在批评下属时，不讲究方式方法，一味地横加指责，不但不会顺利达到教育下属的目的，反而还会引起下属的反感。因此，管理者在批评下属时，就要想方设法地做到"让批评软着陆"。

冯敬远是某县财政局的局长。有一次，冯敬远发现有个科室里的人员嬉笑正欢。于是，他走进那个科室，发现刘科长正和下属们开着热播剧《我的兄弟叫顺溜》的专场讨论会。冯敬远便沉着脸问刘科长："核算的工作做得咋样了？"说完，轻蔑地笑笑，接着嘲讽道："难道提前核算完了？"刘科长一边赔笑，一边解释道："我寻思大家最近都沉浸在工作中，难得放松，于是，我就组织了这么一个讨论当前热播电视剧的活动。"

"我问你，工作做完了吗？"冯敬远劈头盖脸地继续问。

冯敬远见刘科长低头不语，便咆哮道："从老远就听到这里欢声笑语，我寻思你们的工作都做完了。既然没做完工作，有什么资格开展其他的文艺活动？"然后，指着刘科长训斥道："你这个科长怎么当的？上面交代的任务，你是怎么完成的？你还想好好工作不？做不了你就别做了！"

刘科长愣在原地，憋了一肚子的委屈。本来，最近接到上级的任务，他身先士卒地带领大家伙加班加点地抢时间、抓效率，看到办公室里异常压抑的紧张气氛，他便开展了这么一个释放工作压力的活动，没承想遭到局长的一顿数落，只得打掉了牙往肚子里咽。后来，不少员工都在暗地里议论：好心不得好报，烧香遇到鬼叫。这次是科长挨训，下一次就有可能轮到自己挨训。于是，有不少人暗地里评价道："逢到冯敬远，敬而远之。"这些受到冯敬远当面批评的下属，没有一个真正服他，都在背后戳他的脊梁骨，说他刁钻古板、颐指气使、蛮横难沟通。

当发现部门工作人员正热火朝天地评论当前热播电视剧时，冯敬远也不问青红皂白就沉下脸，一脸严肃地质问。所谓"伸手不打笑脸人"，当刘科长赔着笑脸解释时，冯敬远仍旧不买账，痛斥而且语带讥讽地数落刘科长。就算刘科长玩忽职守，作为领导，冯敬远也不该不经过调查，就对下属横挑鼻子竖挑眼，而应该语重心长、旁敲侧击地加以规劝和引导。冯敬远当时可以这样说："哦，这里很热闹嘛。大家工作做完了吗？要是完成了工作，开展一下文艺活动，缓解一下紧张的心情，这个值得提倡。如果是这样的话，不仅你们科室要开展，我还要号召其他科室的工作人员向你们学习。若是你们没有完成工作，适当地放松放松，做到劳逸结合，对工作也是有好处的。但是，这样一来，你们'放松'工作的情绪就会传染给其他科室。那么，大家都争先恐后地'放松'工作，上级规定的任务将没有一个科室会尽心尽责地完成，那就舍本逐末、适得其反了。"

硬着陆批评带有毁坏性的威力，而软着陆批评往往有利于工作，有利于团结群众。因此，作为管理者，一定要警惕硬着陆批评的坏处，也一定要清醒地认识到软着陆批评的好处。接下来，我们一起来欣赏某个国外领导人软着陆批评的妙处。

　　1923 年，约翰·卡尔文·柯立芝登上了美国总统的宝座。柯立芝手下有一位女秘书，长得十分漂亮，但是工作时却经常出错。于是，柯立芝便总想找机会批评这位秘书，好让她改掉自己身上的毛病。

　　有一天早上，柯立芝发现漂亮的女秘书正款款而来，便对她说："哎呀，你今天穿的这身衣服真是漂亮极了，太适合你这位年轻漂亮的小姐了。这身衣服就好像为你量身定做的，真是太美丽了。"

　　能得到总统的表扬，女秘书感到受宠若惊，脸上燃起了一片火烧云，心里美滋滋的。这时，柯立芝便切入正题，说道："但是，你也不要骄傲，我相信，你既然能十分美观地搭配自己的衣服，也能将公文中的标点符号处理得十分正确。"

　　女秘书不但没生气，反而表态道："谢谢总统善意的提醒，今后我在工作中一定注意。"此后，这位女秘书就再也没有犯过错了。

　　后来，柯立芝的一位朋友得知了这件事后，便前来拜访他，问道："你的这个方法实在妙不可言，我就很纳闷，你是怎么想出来的呢？"

　　柯立芝笑了笑，说："这其实很简单，我们在生活中经常会遇到看不顺眼的人和事情，但我们不能直接去指责他们的人品和工作。因为每一个人都有自己的工作方式和为人处世的原则。但是我们却能用生活中的事例来启发自己，在两者之间找到一个批评的权衡点。比如，你见过理发师给人刮胡子吧？每一名理发师在给客人刮胡子时，都要事先给客人涂肥皂水，因为这样一来，他们的刀子在客人脸上'游走'时，客人就不会那么疼痛。这也就是软着陆批评的力量。"

身为总统的柯立芝，原本可以对自己的下属直接批评一番，如果下属接受了，改则矣，不改的话，再换一名秘书呗，肯定有很多人这么想。然而，柯立芝却没有这样想，也没有这样做。为了对女秘书进行软着陆的批评，柯立芝可谓绞尽脑汁，想出了一条先扬后抑的批评妙招，不仅达到了批评的目的，而且还赢得了女秘书的感激。因此，管理者若能像柯立芝那样，遇到犯错的下属时，也能化尖刻的指责为柔和的"春风"，那么，职场环境也会大有改善，也能赢得下属的好感和尊重，自然也能成就自己的一番事业。

管理者在批评下属时，并非只有旁敲侧击、先扬后抑这两种软着陆批评的方法，还可以对下属进行"以假乱真""虚中有实""弦外之音"等软着陆批评。当然，在进行软着陆批评时，切莫说虚伪的话，切莫刻意讨好，切莫抛弃原则。只有既讲究原则，又充分尊重对方，才能让对方欣然接受，也不至于让对方难堪。因此，领导干部在批评下属时，巧妙地让自己的批评拐个弯儿地软着陆，对和谐人际关系有着屡试不爽的效果。

## 批评贵在到位、及时

人有一种天性就是趋利避害，好的方面是人人都向往的，而不好的方面人们都避而远之。于是，人们的心目中形成了这样一套逻辑：甜的就好，苦的不好；容易做的为好，难做的不好；表扬就好，批评就不好。殊不知，"良药苦口利于病，忠言逆耳利于行"。每种事物都有自己的两面：表扬虽好，过了头则会使人丧失前进的斗志；批评虽难近人情，但若合理、及时则会使一个人及时回头。批评若运用得当，其作用不可小视。

与表扬相比，批评并不容易为人所接受。但多次的表扬却比不过一次及时的批评。被批评的下属若最终理解管理者的苦心，定会痛改前非，这是多次表扬所不及的。

值得注意的是，首先，批评必须到位，批评之前要找到人家犯错误的关键所在，这样在批评时才能切中要害，使人信服。其次，批评必须及时，下属有可能犯错误的倾向但还没有造成结果，管理者就不应大肆批评，而应适当地提醒指点即可；如果管理者在事后很长时间才批评下属，会使下属认为管理者是在翻陈年老账，故意找碴儿，最终批评的效果也不好。

批评主要在于指出下属的缺点，并让他们知过就改。就下属而言，能知道自己的错误并改正，是自己更上一层楼的关键。过重的批评可以废掉一个人，而适当的批评则会成就一个人。 有时，你会碰到一些人，只有批评才对他们有用，而给予表扬如同杯水车薪没有丝毫的作用。 因此，用批评、斥责来激励下属的干劲也不失为一种好方法。

要斥责得有效果，其前提条件是：上司要有培育人才的爱心；上司抱着"定要矫正他人那种坏习惯"的强烈指导欲望。

另外，"斥责"不能与"发怒"混为一谈。 斥责，是一件令人难以启口的事，但是为了对方好，不得不硬着头皮斥责，这是暂时抑制住情感，对下属有所忠告的行为。 发怒就不同了，它是愤激之下顶撞对方的失去理智的行为。

斥责下属时，必须控制自己的感情，以免变成"怒责"。这种自戒的功夫，无论是哪一个上司，都非有不可。

## 赞扬是对下属最好的鼓励

社会中的大多数人都在某一个单位或某一个群体中兢兢业业地工作，每个人都非常在乎上司对自己的评价，上司的赞扬是对下属最好的奖赏。 所以，作为领导的你要学会赞扬你的下属，这样就会激励他们更加努力地工作，当然受益最大的还是作为领导的你了。

美国著名企业家玫琳凯·艾施曾经说："对于下属，最强有力的肯定方式，是不需要花钱的，那就是赞扬。 我们都应该尽可能随时称赞别人，这犹如甘霖降在久旱的花木上。"

赞扬下属要以事实为依据，本着公正的原则。 作为管理者，还应该放下架子，巧妙地把下属推到中心位置上，这样才能感动下属。

赞扬下属不能让人听了感到突兀，更不能不分场合地胡乱夸奖。一位优秀的管理者，要能够在不同的场合，选择不同的话来关心、体贴下属，这无疑是对下属最高的赞扬，会收到较好的效果。那么，怎样才能成功地赞扬下属呢？

## 1. 抓住不同时机称赞

（1）在下属生日时说些祝贺的话。现代人都习惯祝贺生日。生日这一天一般都是跟家人或知心朋友一起庆祝。聪明的领导则会"见缝插针"，使自己成为庆祝仪式中的一员，并在祝贺的同时自然而然地夸奖部下。

> 某电视台的老张是一名老编辑，总是默默无闻、勤勤恳恳地工作。在他生日时，全室人员为他庆祝，新闻中心主任在祝语中是这样说的："老张多年来默默无闻、勤勤恳恳地工作，甘于奉献，却从不争荣誉、邀功，今天是你的生日，我代表全室人员向你表示祝贺，并送上大蛋糕一个。"主任的一番话让老张很感动，他感到这是领导对自己的肯定。

有些领导惯用此招，每次赞扬都能给下属留下难忘的印象。或许下属当时体味不出来，而一旦换了领导，有了差异，他自然而然地会想到你。

（2）在下属生病时，说些称赞安慰的话。一位普普通通的下属生病了，他的领导亲自去探望时，说出了心里话："平时你在的时候感觉不出来你做了多少贡献，现在没有你在岗位上，就感觉工作没了头绪，慌了手脚。你一定要安心把病养好，我们都盼着你早点回去呢！"

有的领导就不重视探望下属，其实下属此时是"身在曹营心在汉"，虽然在养病，却惦记着领导是否会来看看自己，领导的到来，对自己来讲简直不亚于一剂良药，如果领导不来，则不免嘀咕："平时我那么努力，他只会没心没肺地假装表扬一番，现在我都病成这样了，他也不放在心上，真是卸磨杀驴，没良心的家伙！"

（3）与下属交谈要多关心他们。家庭幸福和睦、生活宽裕无疑是下属干好工作的保障。如果下属家里出了事情，或者生活很拮据，领导却视而不见，那么对下属再好的赞扬也无异于假惺惺。

有一个文化公司，职员和领导不是单身汉就是家在外地，就是这些人凭满腔热情和辛勤的努力把公司经营得红红火火。该公司的领导很高兴也很满意，但他们没有局限于滔滔不绝、唾沫横飞的口头表扬，而是在交谈中了解职工的生活困难。当领导了解到职工们存在没有条件自己做饭，吃饭很不方便的困难时，就自办了一个小食堂，解决了职工吃饭的难题。

当职工们吃着公司小食堂美味的饭菜时，能不意识到这是领导为他们着想吗？能不感激领导的爱护和关心吗？

（4）充分利用欢迎和送别的机会。下属的工作调动是经常碰到的事情，粗心的领导总认为"不就是来个新手或走个老部下吗？来去自由，愿来就来，愿走就走"，这种思想是很不可取的。

善于体贴和关心下属的领导与"口头巨人"式领导做法截然不同。当下属来报到上班的第一天，"口头巨人"式领导也会过来招呼一下："小陈，你是大学的高才生，来我们这里亏待不了你，好好把办公用具收拾一下准备工作！"

聪明的领导则会悄悄地把新下属的办公桌椅和其他用具收拾好，而后才说："小陈，大家很欢迎你这个大学生来和我们同甘共苦，办公用品都给你准备齐了，你看看还需要什么尽管提出来。"这样做会令新来的下属充满感激之情，觉得在这样的领导手下工作很舒心。

2. 赞扬下属的注意事项

(1) 要控制住其他人的嫉妒情绪；

(2) 要有理有据，让人心服口服；

(3) 要有诚意；

(4) 要机会均等。

3. 赞扬下属的小技巧

上司的赞扬是下属工作的精神动力，可以对下属起到激励的作用，但在具体操作上要掌握技巧。

(1) 有明确指代和理由的赞扬。如："老李，今天下午你处理顾客退房问题的方式非常恰当。"这种赞扬是你对他才能的认可。赞扬时若能说出理由，可以使对方领会到你的赞扬是真诚的。如："小张，你今天的辛劳没有白费，你为公司争取来了一笔生意，我代表公司感谢你，你现在是我们部门的业务骨干了。"

（2）赞扬要诚恳。 避免空洞、刻板的公式化的夸奖，或不带任何感情的机械性话语，令人有言不由衷之感。

（3）对事不对人的赞扬。 表扬他人最好是就事论事，哪件事做得好，什么地方值得赞扬，说得具体，见微知著，才能使受夸奖者高兴，便于引起感情上的共鸣。 这种赞扬，可以增强对方的成就感。 如："你今天在会议上提出的维护宾馆声誉的意见很有见地。"这种称赞比较客观，容易被对方接受，同时也使对方感到领导对他的赞扬是真诚的。

（4）及时赞扬，语气明确。 员工某项工作做得好，老板应及时夸奖，如果拖延数周，时过境迁，迟到的表扬已失去了原有的味道，再也不会令人兴奋与激动，夸奖就失去了意义。

该赞扬的时候就赞扬，而且赞扬中不要夹杂批评的语言，这种赞扬与"趁热打铁"同理，易被对方接受，起到鼓励的作用。

（5）充分肯定员工付出的劳动。

　　某报社采编部主任老刘很善于适时赞扬下属们。他知道，赞扬的力量是巨大的，称赞可以激励下属们不断努力、再创佳绩。

　　记者小高在一次竞赛中获得年度新闻稿件一等奖。拿回证书后，老刘立即给予了小高较高的评价："小高，不错。你的那篇稿子我拜读过，文笔流畅，观点突出。好好努力，会很有发展的。"

这种赞扬使下属认识到了自己的价值，从而对自己充满信心，同时还使下属领会到领导对自己付出劳动和心血的一种肯定，产生"知己感"。

（6）赞扬不要又奖又罚。作为上司，一般的夸奖似乎很像工作总结，先表扬，然后是"但是""不过"一类的转折词。这样辩证、全面的赞扬，很可能使原有的夸奖失去了作用。应当将表扬、批评分开，不要混为一谈，事后寻找合适的机会再批评可能效果更佳。

总之，对于领导来说，赞扬下属不需要冒多少风险，更不需要付出多少金钱或代价，却能很容易地满足一个人的荣誉感和成就感，从而使之成为一种动力激励下属努力工作。


## 表扬下属时的注意事项


领导的表扬是下属工作的精神动力。一个下属在不同的领导指挥之下，工作劲头判若两人，这与领导的激励方法分不开。


魏徵是唐朝很有才能的一个人，原先魏徵侍奉皇太子李建成，因为敢于进谏而不受李建成的欢迎，李建成不仅对他的建议漠然置之，有时候还批评他。李世民掌权后，很器重魏徵，为了鼓励魏徵敢于直言进谏，唐太宗李世民每次都很虚心地听他献策，并经常表扬他敢说真话敢说实话。一次，唐太宗表扬魏徵道："夫以铜为镜，可以正衣冠；以古为镜，可以知兴替；以人为镜，可以明得失。我以你这样的良臣为镜，也就不糊涂，少做错事了。"在唐太宗的表扬和鼓励之下，魏徵至诚奉国，真是喜逢知己之主，竭尽所能，知无不言，先后共陈言进谏二百多件事。后来，魏徵怕仅凭进谏参政议政招来事端，想借眼疾为由辞官休养，唐太宗为挽留这位千载难逢的良臣，极力表扬了魏徵的敢于进谏，表达了自己的赏识之情，道："您没见山中的金矿石吗？当它为矿石时，一点也不珍贵。只有被能工巧匠冶炼成器物后，才被人视为珍宝。我就好比金矿石，把您当作能工巧匠。您虽有眼疾，但并未衰老，怎么能提出辞职呢？"魏徵见唐太宗如此诚恳，也就铁了心跟着唐太宗干一辈子了。

在上下级交往中，恰如其分地掌握和运用赞美的艺术，将会有多方面的收效。

### 1. 赞美是取得对方认同的最好方式之一

人们都有这样的经验，老师或家长教育孩子，总希望严格一些。但研究表明，经常批评孩子，而没有任何鼓励的话，会使孩子出现反抗心理，甚至产生破坏性行为。不如抓住孩子的优点和长处，给予表扬和鼓励，就会增强他的信心。同样是一篇作文，如果一位老师把它批评得一无是处，学生们以后就很少会再去涉足这一领域；如果细心的老师在作文的字里行间找出一些值得表扬的细微之处，就会给学生以继续前进的动力。 屡屡犯错误的学生，极难得到老师的赞美，可有经验的老师会发现，学生虽然对老师的批评、指责持反感态度，但学生从来不回避自己的过错，这也不能不说是一份勇气。 老师的一句"能大胆承认错误"的赞美之词，能使学生激动万分，进而发生转折性的改变。 总之，赞美比批评更容易使他人接受。

2. 赞美能使他人认识到自己的价值，增强自信心

一个卓越的管理者，欲调动众人的积极性，大都会重视赞美的积极作用。 他善用口头的、书面的、精神的、物质的、直接的、间接的各种方式去赞美下属，使人人都意识到自己的价值。 当一个人获得一点小成绩就得到赞美时，这个人就会有信心去尝试更困难的工作。 当一个单位、一个部门的工作遇到极度困难，人们正处于心灰意冷、人心涣散之时，有经验的管理者在此时此刻也会应用赞美的方式，反复强调大家工作的意义，激发每个人高尚的动机，表扬大家为克服困难所做的贡献，常常能激励人们坚持到底，并最终取得胜利。

3. 赞美是人的最高层次的需要

在社会心理学家马斯洛所提出的人的需要层次理论中，除了生理、安全、社交需求外，人的最高需求是得到尊重和自我实现。 一般说来，赞美的话语可以使人在心理上得到某种满足。 实践证明，对于那些学术造诣颇深或者经济收入较丰的人而言，一般的物质奖励对其所起的作用甚微。 而社会的理解与尊重，公众的认可与表扬，是这些人特别看重的。 重视赞美的作用，正确恰当地使用赞美艺术，是管理者取得成功的重要手

段之一。

赞美的作用毋庸置疑，但必须注意赞美的方式与方法，否则，好的动机也会导致差的效果。这里尤其要注意以下几点。

（1）赞美必须真诚。赞美作为一种交际艺术，首要的是必须诚恳，并应体现在准确的表达之中，切忌使用华而不实的辞藻。诸如"久闻大名""一表人才""年轻有为""才华出众""一代英杰""时代精英"等缺乏感情的公式化语言，是不可能打动人心的，还容易造成词不达意、张冠李戴的误会。事实上，人们需要得到的赞美，总是在能真正体现他的价值的方面，这就要求你对对方必须有较深的了解。如赞美科学家时，应点到他做出具体贡献的某一领域；赞美管理者时，应点到他的某一条建议对自己的工作所起的具体作用；赞美一般工作人员时，应说清其工作平凡而伟大的深刻道理。

（2）赞美的语言必须得体。赞美的语言切不可乱用，如对于一般知识分子，你夸其智力超群、独树一帜，会令人生厌；对长相一般的女性，你夸其美貌过人，她会认为你在讽刺她，这样就达不到赞美的效果，不如用"勤奋""端庄"等词为好。下属呈上的研究报告，管理者在未读之前，不妨先用"字迹工整"等语言，而避免先夸内容，以免给人虚伪的感觉。

（3）赞美与"吹喇叭""抬轿子"有着本质的区别。赞美是为了搞好人际关系所采用的科学方法和艺术手段，"吹喇叭""抬轿子"者则是怀着不良的动机，甚至是不可告人的企图而去阿谀奉承的卑劣手段。明眼人对此不可不警觉与注意。一些老好人只想"多栽花，少栽刺"，只赞美不批评，久而久之，被赞美者也会从其动机上去总结原因。这种企图回避矛盾的老好人，也是另一种动机不纯的表现。 这就是说，滥用赞美，也是误人误己的事，不可不加以防范和注意。

## 从细小处赞美你的下属

在一般人的眼中，好像只有那些惊天动地的大事方能登上"赞美"的宝座。 然而，大千世界，芸芸众生，我们每个人都只不过是沧海一粟，所做的事情都是些再平常不过的事，每天也不会有那么多惊天动地的事发生。 所以，一个聪明的管理者更应该善于通过生活中的点滴来赞美他的下属。

法国"银行大王"恰科想必大家都不会陌生，而他的崛起恰恰是因为有这么一位独具慧眼的上司给了他一次"微不足道"的赞美。当年，恰科在一家银行做打杂的工作，为了生计，他每天都要辛苦地干着一些低贱而繁重的工作，但是他并没有任何怨言，也不在意别人嗤之以鼻的"瞧不起"，而是认认真真地做着他分内的工作。功夫总是不负有心人，一天，恰科打扫完董事长的办公室以后正准备离开，这时他突然瞥见不远处的地面上有一颗大头钉，为了不让它伤到人，恰科不假思索地把它捡了起来，然后才离开。然而，就是这一个小小的不经意间的动作却改变了恰科的一生。当时发生的一切恰巧被董事长看见了，他马上认定，如此精细小心考虑周全的人，很适合在银行工作。所以，董事长决定提拔他，并在公司中大力表扬这种敬业精神。恰科如鱼得水，他更加努力，最终，通过自己的奋斗成为了这家银行的董事长。而在成功之余，他仍不会忘记，当年上司对自己的"赏识"。虽然这是一次没有隆重表彰与奖品的赞赏，甚至他还不知道他的上司已经为他投了非常可贵的赞赏票，但这些都不重要，重要的是这一次不知名、不起眼的无声赞赏成就了法国一代"银行大王"，这已经足够了。

作为管理者，平时如果从细小之处夸赞下属，不仅会给下属出乎意料的惊喜，而且还可以为自己树立"关心体贴"的良好形象。如此一箭双雕的事情，我们又何乐而不为呢？

丽莎是一家服装店的售货员。一天，她在检查新上架的衣服时，发现有一件衣服做工有问题，如果仍然摆在货架上，很容易影响店里的销售业绩，所以，她及时把这件问题衣服转移到顾客看不见的角落里等待处理。而这一个"顺手"的动作恰恰被值班经理看到了，当时就夸她能为公司着想，维护公司的荣誉，很值得其他员工学习。同时，还决定给丽莎加奖金。丽莎听了之后多少有些受宠若惊，于是，在下班后，和一帮姐妹一再地赞扬那位经理眼快心细，自己的一点小成绩也逃不过她的眼睛之类的话，并且觉得在这样的公司工作才有真正的价值感。

丽莎从经理的赞美中所获得的不仅仅是受奖之后的快乐，更多的是对这位经理能够深切关心员工的一种感激，从而使丽莎感受到在这样一个温暖的集体之中工作是多么幸福的一件事情。从此，丽莎工作起来更加认真和负责了。

并非所有的感动都来自轰轰烈烈，也许某些不经意的小细节，便能帮你留住一个员工的心，就像上述的恰科和丽莎。这些你不在乎的小细节或许才能真正体现人与人之间关怀的真谛。同时，被赞美者在获得赞美的同时，会觉得这种称赞没有虚伪，不掺杂附和，是一种出自真心的赞美，因为用心了才会发现生活中细节的存在。

作为被赞美者，这种"被在乎"的感觉会是工作的无限动力。常言道："勿以恶小而为之，勿以善小而不为。"赞美别人也是一样，"勿以善小而不赞"。大事的影响意义一般人都能看得见说得出，而小事却未必。诸如下属中一些乐于助人、主动整理办公室的卫生环境等小事，粗心的领导往往会把它忽略掉。渐渐地就会在员工的眼中造成许多盲点，觉得自己做了这么多，却得不到别人的认可，整天抱怨自己几乎成了公司中的"隐形人"，时间长了就会形成一种不利于工作的负面情绪。所以，聪明的上司就应该具有从下属的小动作、小事情中了解其本质和抓住其心灵的本领。

生活中或许你无心的或不在意的某种赞美，都会给自己或他人带来意想不到的收获。所以，真正聪明的人善于从小事上赞美别人，发掘潜藏于小事背后的重大意义，而不是一味地寻求一些了不起的大事。

# 说服下级执行命令有诀窍

管理者的工作意图和方案，必须通过下级来贯彻执行。可是往往有些上级管理者的工作意图和方案得不到下级的支持和赞同，这样，就需要上级管理者耐心地说服下级，使下级真正在思想上想通了，才能保证上级管理者的工作意图和方案顺利地得到贯彻执行。那么，上级管理者怎样才能有效地说服下级呢？

## 1. 了解对方，"对症下药"

每个人的性格、思想、经历等是各不相同的，因此，对于一个管理者来说，对一个下属的了解必须包括对对方的思想、性格特点、长处与短处、工作中的困难等，做到真实、彻底地了解。只有全面、彻底、真实地了解下级，才能有针对性地、巧妙地打通他的思想。举例来说，一个管理者准备实施一项新的规章制度，某位下级有不同意见怎么办？这时，管理者一定要搞清楚其反对的原因，是因循守旧的思想在作怪，还是害怕新制度对己不利，或是其他原因呢？如果是担心损害切身利益，说服下属时，就要着重阐明新旧制度的利弊，并可以就新旧制度的细则征求其意见，使其从具体内容中深深体会到管理者是如何全面考虑各方面利害关系的。这就比讲"要勇于改革"

"你要支持改革"等大道理更有说服力。 这是说服下属的重要一环。

## 2. 要平等亲切，以心交心

下级和领导有意见分歧时，下级本来就有猜疑、戒备、不满等心理，如果管理者不能亲切相待，满脸怒气或是冷若冰霜，交谈便难以进行。 所以，管理者说服人，首先要努力营造和谐、亲切的气氛，通过热情的招呼、坦率直爽的态度、商讨式的语气，使对方受到感染，觉得你就像一位老朋友，值得信赖，可以无话不谈。 这是保证说服成功的最主要的条件。 即使第一次交谈不能取得一致意见，也为今后继续做工作打下了良好的基础。

为了营造和谐、亲切的气氛，从交谈开始，管理者就要注意说话的艺术。 例如，"我知道你不同意""我不怕你反对我的意见"等等，虽是实情，但其效果是把自己放在正确的位置上，把对方放在了错误的位置上，以我对你错的架势批评对方，对方往往难以接受。 不如说"我相信你一定能理解我的用意""下边的情况，你更清楚，我很想听听你的见解"等等，这种充满信任的话语，有助于消除下级的不满和对立情绪，自然而然地诱导其说出心里话。

## 3. 要策略灵活，方法得当

说服人要像练武术那样，灵活巧妙，讲求策略，不能一条道走到黑。 正面讲道理，对方听不进去时，可以寻找其心理弱点，打开突破口，再彻底说服他，这叫"迂回说服"；有些人坚持己见，十分固执，管理者不要性急，可等待一段时间，让这些人经过一定的实践和冷静的思考，再找其谈话，这样比较容易解决双方的分歧，这叫"等待说服"。 总之，说服的方法是多种多样的，只要管理者因人而异，方法得当，再加上有信心，多数人都是可以被说服的。

## 循循善诱，以正当的理由说服他人

循循善诱是管理者说服他人的最好方法，这种方法能让下属在不知不觉中自觉地接受，让说服水到渠成。

道理都是相通的。 管理者掌握这样的方法，就可谓口才相当好了。 这时就要注意，当说服一个人的时候，一定要出自好心，不可把这样的方法用偏了；否则，就会被别人说成是"耍嘴皮子""大忽悠"。

充分的理由是管理者说服人的关键，也是根本。 因此，管理者在说服别人的过程中最具说服力的方法，就是强调最充分、最关键的理由。

多年以前，美国成功学家拿破仑·希尔曾应邀向俄亥俄州州立监狱的服刑人发表演说。他一站上讲台，立刻看到眼前的听众之中有一位是他在 10 年前就已认识的朋友——D 先生，D 先生此前是一位成功的商人。

拿破仑演讲完毕后，和 D 先生见了面，谈了谈，发现他因为伪造文书而被判 20 年徒刑。听完他的故事之后，拿破仑说："我要在 60 天之内让你离开这里。"

D 先生脸上露出苦笑，回答说："拿破仑，我很佩服你的精神，但对你的判断力却深感怀疑。你可知道，至少已有 20 个具有影响力的人士曾经运用各种方法，想使我获得释放。但一直没有成功。这是办不到的事。"

大概就是因为他最后的那句话——"这是办不到的事"——向拿破仑提出了挑战，他决定向 D 先生证明，这是可以办得到的。

拿破仑回到纽约市，请求他的妻子收拾好行李，准备在哥伦布市——俄亥俄州州立监狱所在地——停留一段不确定的时间。

拿破仑的脑海中有一个"明确的目标"，这个目标就是要把 D 先生弄出俄亥俄州州立监狱。他从来不曾怀疑自己能使 D 先生获释。他和妻子来到哥伦布市，买了一处高级住宅，像要永久性住下去一样。

第二天，拿破仑前去拜访俄亥俄州州长，向他表明了此行的目的。

拿破仑是这样说的：

"州长先生，我这次是来请求您下令把 D 先生从俄亥俄州州立监狱中释放出来。我有充分的理由，请求您释放他。我希望您立刻给他自由，为此我准备留在这儿，等待他获得释放，不管要等待多久。在服刑期间，D 先生已经在俄亥俄州州立监狱中推出一套函授课程，您当然也知道这件事：他已经影响了俄亥俄州州立监狱中2518名囚犯中的1728人，他们都参加了这个函授课程。他已经设法请求获得足够的教科书及教学资料，而使得这些囚犯能够跟得上功课。难得的是，他这样做并未花费州政府的一分钱。监狱的典狱长及管理员告诉我说，他一直很小心地遵守监狱的规定。当然了，一个能够影响1700多名囚犯努力学习的人，绝对不会是个坏家伙。我来此请求您释放D先生，因为我希望您能指派他担任一所监狱学校的校长，这将使得美国其余监狱的16万名囚犯获得向善学习的良好机会。我准备担负起他出狱后的全部责任。这就是我的要求，但是，在您给我回答之前，我希望您知道，我并不是不明白，如果您将他释放，而且，您又决定竞选连任的话，这可能会使您失去很多选票。"

俄亥俄州州长维克·杜纳海先生紧握住拳头，他说："如果这就是你对D先生的请求，我将把他释放，即使这样做会使我损失5000张选票也在所不惜……"

说服工作就这样轻易完成了，而整个过程费时竟然不超过五分钟。

3天以后，州长签署了赦免令，D先生走出监狱的大铁门，他恢复了自由之身。

拿破仑之所以能够成功地说服州长，与他的周密考虑和精心安排是分不开的。 拿破仑事前了解到，D 先生在狱中的行为良好，对 1728 名囚犯提供了良好的服务。 当他创办了世界上第一所监狱函授学校时，他同时也为自己打造了一把打开监狱大门的钥匙。 既然如此，其他请求赦免 D 先生的那些人，为何无法成功地使 D 先生获得释放呢？ 他们之所以失败，主要是因为他们请求州长的理由不充足。 他们请求州长赦免 D 先生时，理由或是他的父母是著名的大人物，或者是说他是成功的商人，而且也不是什么坏人。 他们未能提供给俄亥俄州州长充分的动机，使他能够觉得自己有充分的理由签署赦免令。

拿破仑在见州长之前，先把所有的事实研究了一遍，并在想象中把自己当作是州长本人思考一遍，而且弄清楚了，如果自己真的是州长，什么样的说辞才最能打动州长。 拿破仑是以全美国各监狱内的 16 万名囚犯的名义，请求释放 D 先生的。因为这些囚犯可以享受到 D 先生所创办的函授学校的利益。 他绝口不提他有声名显赫的父母，也不提自己以前和他的友谊，更不提他是值得我们帮助的人。 所有这些都可被用来作为请求赦免他的最佳理由，但和下面这个更充分、更有意义的理由比较起来，就显得没有太大的意义了。 这个更充分、更有意义的理由是，他的获释将对另外的 16 万名囚犯有很大的帮助，因为他获释之后，将使这些囚犯享受到他所创办的这个函授学校的好处。 因此，拿破仑靠着这个最充分、最关键的理由获得了成功。 可见，在说服过程中，只要管理者找准了理由，就找到了说服他人的关键。

# 做好说服工作的五种技巧

在工作中，你的上司常常会成为你要说服的对象，上司也是人，是人就会产生偏见或作出错误的决定，作为一个有责任感的下属就应该及时提醒上司到底哪里不对。由于彼此地位和职务的差异，作为下属说服上司跟说服同事以及竞争对手大不相同。如果你在说服你上司的过程中不想发生争辩的话，可以尝试使用以下五种技巧。

### 1. 选好说话的时机

选择好说话的时机，对说服你的上司会起到很重要的作用。心理学研究表明，人们处在不同的心情环境下，对于否定意见的接受程度也大不相同。在你决定要去说服你的上司之前，最好先向同事打听一下上司今天的心情如何。如果上司的心情非常差，就不应该再向其提出什么要求。因为在这种情况下说服成功的概率很小，你还有可能给上司留下个不好的印象。

### 2. 提出合理化建议

作为上司，需要知道或是记住的东西实在太多，每天的工作量要比别人大几倍。美国的一位精神学教授就是这样总结的："你上司要考虑的事情太多了！"因此如果你总是不能提出行之有效的合理化建议，最后你就会发现你常常被上司的秘书阻拦，因为你在浪费上司的时间，也会招致上司对你的厌烦。

### 3. 提出有力的证据

在说服上司的过程中，如果你仅凭"三寸不烂之舌"是没有足够说服力的。要想有力地说服你的上司，你就必须提供权威的证据来做说明。如果向上司提供可靠的证据而不是你个人的看法，这会增加你的说服力。同时，多数人受到证据来源的影响也很大。所以，证据的来源要真实可信，要具有权威性。

### 4. 尊重对方的感受

一般情况下，平庸的劝说者总是开门见山地提出要求，结果引发争执，陷入僵局；而优秀的劝说者则首先建立信任和同情的气氛。如果你的上司为此事烦恼，你就说："我理解您的心情，要是我，我也会这样。"这样就显示了对上司感情的尊重，他就会对你产生好感，你说服的话才能继续进行下去。想要和上司达到成功的互动，了解上司工作的苦衷对你会很有帮助。假如你能设身处地地为上司着想，那么你的上司自然也会帮你的忙。

### 5. 清楚地表达自己的观点

多数情况下，上司和下属发生争执都是因为沟通不良造成的，由于沟通不良，双方都不了解对方到底在想什么，而一旦把问题摊开来说，争端也就随之消失了。因此，下属必须把自己的观点讲得简单明了，以便上司可以准确地理解。有些员工极少会和上司发生争执，但是当员工认为重要的事情遭到上司否定的时候，就会把自己的观点写在纸条上，请上司考虑。这种做法有助于冷静地说明问题，而且也很有劝诫的效果。

总之，说服他人的技巧并不是与生俱来的，都是需要通过后天的学习来提高的个人能力。所以，只要认真学习，掌握说服技巧，你的说服能力就会不断提高，你也会成为受上司器重的人。

# 第二章

## 聆听与沟通,要学会听的艺术

## 学会倾听是有效沟通的关键

倾听是有效沟通的关键，是沟通制胜的一项重要法宝。一个在人群中滔滔不绝的领导或许很容易得到大家的尊敬和钦佩，可是一个懂得倾听并善于鼓励别人的领导却更容易得到下属的好感和信任。

在团队沟通中，言谈是最直接、最重要和最常见的一种途径，有效的言谈沟通很大程度上取决于倾听者的态度。作为团队领袖的管理者，善于倾听的能力是保持团队有效沟通和旺盛生命力的必要条件。在对美国 500 家最大公司进行的一项调查的反馈表明，超过 50％的公司为他们的基层员工及管理者提供听力培训。有研究表明：那些是很好的倾听者的学生相对更为成功。而惠普公司的创始人之一戴维·帕卡德发明的所谓的"惠普之道"，其第一件事情就是要求他的经理与管理者们：先去倾听，然后去理解。这些都说明了倾听对于沟通的重要性。在管理者的工作中，倾听已被看作是获得初始职位、管理能力、事业有成的重要必备技能之一。

在实际沟通中，假如管理者在倾听上出现了障碍，一般不外乎下面三种原因。

### 1. 环境干扰

环境对人的听觉与心理活动有重要影响，环境中的声音、气味、光线以及色彩、布局，都会影响人的注意力与感知。布局杂乱、声音嘈杂的环境将会导致信息接收的缺损。

### 2. 信息质量低下

管理者在试图说服、影响对方时，并不一定总能发出有效信息，有时会有一些过激的言辞、过度的抱怨，甚至出现对抗性的态度。现实中我们经常遇到满怀抱怨的顾客、心怀不满的员工、剑拔弩张的争论者。在这种场合，信息发出者受自身情绪的影响，很难发出有效的信息，从而容易影响倾听的效率。

信息质量低下的另一个原因是，管理者不善于表达或缺乏表达的愿望。例如，当你面对比自己优越或地位高的人时，害怕"言多必失"以致留下坏印象，因此不愿意发表自己的意见，或尽量少说。

### 3. 管理者主观障碍

造成沟通效率低下的最大原因就在于管理者本身。

（1）个人偏见。即使是思想最无偏见的人也不免心存偏见。在一次国际会议上，以色列代表团的成员们在阐述其观点时，用了非常激烈的方式，他们抱怨泰国代表对会议不表示任何兴趣或热情，因为他们"只是坐在那里"；而泰国代表则认为以色列代表非常愤怒，因为他们"用了那么大的嗓门"。同样，在团队成员的背景多样化时，管理者倾听的最大障碍就在于自己对员工有偏见，而无法获得准确的信息。

（2）先入为主。人们在倾听过程中，对对方最先提出的观点印象最深刻。如果对方最先提出的观点与管理者的观点大相径庭，管理者可能会产生抵触的情绪，而不愿意继续认真倾听下去。

（3）以自我为中心。 人们习惯于关注自我，总认为自己才是对的。 在倾听过程中，过于注意自己的观点，喜欢听与自己观点一致的意见，对不同的意见往往是置若罔闻，这样往往错过了聆听他人观点的机会。

针对以上几种问题，管理者可以采取以下技巧来提高自己的倾听能力：

（1）创造有利的倾听环境，尽量选择安静的环境，使双方处于身心放松的状态；

（2）在同一时间内既讲话又倾听是不可能的，要立即停止讲话，注意对方的讲述；

（3）尽量把自己的讲话时间缩到最短，让对方多说；

（4）摆出对对方的发言有兴趣的样子；

（5）端详对方的脸、嘴和眼睛，尤其要注视对方的眼睛，这能帮助你聆听，同时能完全让对方相信你在聆听；

（6）关注中心问题，不要使你的思维迷乱；

（7）要有平和的心态，不要将其他的人或事牵扯进来；

（8）注意自己的偏见，倾听中只针对信息而不是传递信息的人，诚实面对、承认自己的偏见，并能够容忍对方的偏见；

（9）抑制争论的念头，注意你们只是在交流信息，而非辩论赛，争论对沟通没有好处，只会引起不必要的冲突，学习控制自己，抑制自己争论的冲动，放松心情；

（10）保持耐心，让对方讲述完整，不要打断对方的讲话，纵然只是内心有些念头，也会造成沟通的阴影；

（11）不要臆测，臆测几乎总是会引导你远离真正的目标，所以要尽可能避免对对方做臆测；

（12）不宜过早作出结论或判断，当你心中对某事已有了判断时，就不会再倾听他人的意见，沟通就被迫停止，保留对他人的判断，直到事情清楚，证据确凿。

## 员工的意见是金矿

一个企业的管理与创新都离不开员工的意见，然而，有的管理者却忽视甚至是轻视员工的意见，认为其人微言轻，提不出有价值的东西，如果去关注这些人的声音，则是浪费时间。因此，故意屏蔽员工的意见，甚至对提出意见的员工"恨之入骨"。实际上，这些管理者没有意识到，员工的意见就是金矿，倾听员工的意见也是沟通的方法，贵在坚持。

迪特尼·包威斯公司是一家拥有12000余名员工的大公司，早在20年前，该公司就意识到员工意见的重要性，并实行了员工协调会议制度。

员工协调会议是每月举行一次的公开讨论会。开会之前，员工可事先将建议或怨言反映给参加会议的员工代表，代表们将在协调会议上把意见转达给治理部门，治理部门也可以利用这个机会，将公司政策和计划向代表们讲解，相互之间进行广泛的讨论。

除了员工协调会议制度，迪特尼·包威斯公司还实行主管汇报制度。主管汇报制度和每年的股东财务报告、股东大会相类似。主管汇报有 20 多页，包括公司发展情况、财务报表分析、员工福利改善、公司面临的挑战以及对协调会议所提出的主要问题的解答等。公司各部门接到主管汇报后，便开始召开大会，每次人数不超过 250 人，时间大约为 3 小时。会议先由主席报告公司的财务状况和员工的薪金、福利、分红等与员工有切身关系的内容，只要不是个人问题，总公司代表一律尽可能予以迅速解答。

那么，迪特尼·包威斯公司重视员工意见的结果如何呢？

在 20 世纪 80 年代全球经济衰退中，迪特尼·包威斯公司的生产率平均每年以 10% 以上的速度递增。公司员工的缺勤率低于 3%，流动率低于 12%，为同行业最低。这就是重视员工意见的结果。

管理者只有重视员工的意见，员工才敢于提出意见，企业才能不断向前发展。

有一次，盛田昭夫到分公司视察工作，在宽敞的办公室里，盛田昭夫仔细地倾听每个人的汇报，并频频地点头，这显示了他对这家公司的业绩很满意。正当大家沉浸在一片欢声笑语中时，有一个人突然站起来说："董事长先生，我认为您过于乐观了，公司的财务状况并没有您预期的那样理想。其实，为了达到预定的目标，我们付出了比其他公司更高的成本。长此以往，这种经营方式就会陷入恶性循环。"

此人说完这几句话后，整个办公室顿时鸦雀无声，一种紧张的气氛笼罩在每个人身上，人们都以为盛田昭夫会大发雷霆，然而盛田昭夫却转身问那个人："你有什么解决的好办法吗，我很想听一下你的看法。"

那个人丝毫没有畏惧，他详细地说出了自己的想法，并提出了详细的解决方案。

随后，盛田昭夫对他大加赞赏："就应该大胆地提出自己的想法，并坚持自己的主张。"

会后，在了解该公司真实的发展情况后，盛田昭夫撤销了这家分公司财务长的职务，让刚刚提出建议的那个人接任。虽然有很多人劝他再考虑一下，但盛田昭夫当场就拒绝了，他想让时间来检验一下这个人是不是一个合格的财务长。

新上任的财务长果然不负众望，三年后因为工作业绩突出，被拔擢到总公司担任财务长。

可见，员工的意见不容忽视，忽视了员工的意见，企业就有可能错失一次前进的机会。

福特公司也非常重视来自员工的意见。在福特，员工无论职位高低，都可以自由地提出自己的看法，公司总是欢迎他们提出各种建议。

福特公司以前在装配车架和车身时，工人要站在一个槽沟里，手拿沉重的扳手，低着头拧上螺母。由于工作十分吃力，因而工作往往干得马马虎虎，影响了汽车质量。后来工人格莱姆提出建议："为什么不把螺母先装在车架上，让工人站在地上就能直接拧螺母呢？"这个建议很快就被公司采纳了，结果既减轻了劳动强度，又使工作质量和效率大为提高。另一位工人建议在把车身放到底盘上去时，可使装配线先暂停片刻，这样既容易做好车身和底盘两部分的工作，又能避免发生意外伤害。此建议被采纳后同样达到了预期效果。

福特的管理者深深体会到良好的建议来自公司内部，如果有员工找到上层主管谈论关于改进公司生产经营等方面的工作内容，或其他有关事宜，上层主管一般都会积极地认真倾听。即使一些建议暂时行不通，也会鼓励员工回去再好好想想，争取让它变得可行起来。

通过这些案例可以看出，那些来自基层员工的平凡的声音，往往不平凡。管理者应该建立起畅通的沟通渠道，积极而认真地听取员工的意见和建议，并把有价值的意见和建议付诸实践，从而推动企业向前发展。任何一个管理者，只要坚持了这个方法，不但能保障沟通的畅通，更能提高企业的业绩。

## 倾听更能使下属感到你的尊重

波音公司总裁康迪说："员工所表达出来的以及我所听到的，远远比我要说的更重要。"作为上司，你是一个下属的好听众吗？

你有过这样的情况吗？当下属汇报工作时，不管对方说完没有，只要你觉得听懂了对方要表达的意思，便打断对方的话，开始滔滔不绝地发表自己的意见，然后以某些指令结束谈话。

要做一个好上司，你有没有扪心自问一下：对于下属的需求，你认真倾听了吗？对于他们工作中出现的问题，你站在他们的角度上去理解和分析了吗？你愿意放下架子、腾出时间去与他们促膝谈心、互动交流吗？

如果这些你都没做到，那么你和下属的沟通就可能会出问题。有效沟通是高绩效团队的一大特质。有效沟通中，言谈又是最直接、最重要和最常见的一种途径，而有效的言谈沟通很大程度上取决于倾听。所以，作为管理者，要想在团队中获得成功，最重要的素质是懂得倾听。

管理者真诚倾听具有如下五大作用。

（1）倾听能激发下属的工作热情。耐心地倾听下属的想法，让其有一种被尊重和被欣赏的感觉，下属会非常高兴。因为人们往往对自己的事情更感兴趣。能够有机会在领导面前阐述自己感兴趣的事或者专长，对员工来讲是一种荣耀，这种愉悦的心态能激发员工更愿意为团队服务。

（2）倾听能取得信任。认真、专注地倾听，表明你对对方的重视和尊重。正是你的这种诚恳、谦逊的态度，才令下属更加信任你、尊重你和拥戴你。

（3）倾听有助于指导。通过倾听，管理者能更了解下属，更容易掌握每个人的思想动态，这样才能针对每件事、每个人作出恰当的指示，才能保证团队取得高绩效。

（4）倾听有助于学习。职位的高低取决于一个人的综合素质，但每个人都有优于他人的长处。通过倾听，可以向他人学习所长，获得更准确、更真实的信息。

（5）倾听有助于化解矛盾。下属因某件事愤愤不平，跑来诉苦，即使你没从实际意义上帮下属解决问题，但只要拿出耐心，听下属把牢骚发完，下属的情绪也就慢慢地缓和了，有利于解决冲突和矛盾，化解抱怨。

沟通的目的是理解，不仅需要被理解，而且还需要理解对方。使沟通有效的另一半是倾听，忽略倾听将会使沟通失败。一位擅长倾听的管理者将通过倾听，从同事、下属、顾客那里及时获得信息并对其进行思考和评估。能否有效而准确地倾听信息，将直接影响管理者的决策水平和领导成效。

企业运行的复杂性、多变性和竞争性，决定了光靠管理者个人是难以作出正确的判断和制定出有效的决策方案的。对管理者与被管理者要求虽有区别，但重视倾听这一点应该是一致的。

领导过程就是调动人的积极性的过程。善于倾听的人能及时发现他人的长处，并使其发挥作用；倾听本身也是一种鼓励方式，能提高对方的自信心和自尊心，加深彼此的感情，因而也就激发了对方的工作热情与负责精神。欧美和国内一些著名企业的领导者常常在工作之余与下属职员一起喝几杯咖啡，就是让部下有一个被倾听的机会和相互理解的机会。


## 好领导善于听取下属意见


领导不能脱离群众，做事情不能仅凭自己的想法，要学会倾听基层的意见。领导只有尊重下属的建议，整个团队才能够做出绩效，也只有这样，下属们才会更加积极地工作，这在无形中就相当于在给公司创利。下属的建议能否受到领导的重视，决定了他们在工作中的责任心强烈与否。领导可以对下属的建议产生不同的反应，也并非一定要接受下属的建议，但至少下属的每一个建议都要得到尊重。

只有身处一线的员工，才更加清楚公司的生产情况。这种优势是因为大多数问题是他们每天在生产工作中遇到的。管理过程中，身为领导的你或许听到过这些建议："我们有没有尝试过这种方法？为什么我们不采用这种方法？我觉得用这种方法可能更好。"当下属向你提出这样的建议时，你是什么态度？高明的领导应该感到高兴，这表明你的下属是在以一种主人翁的态度对待自己的工作。此时，你应欣然地引导下属继续说下去，自己则要耐心而诚恳地倾听下去。这些建议可能会促进公司改变，促使绩效增加而达成任务，也可能并无用处。但无论如何，它们都值得尊重。 下属天天在基层岗位上工作，往往比领导更能看出真正的问题在哪里，也更能看出领导永远找不到的解决问题之道。

许多公司的领导虽然有机会听取员工的意见，但是往往没有好好加以利用。

一个人寿保险公司的业务员说，自己的公司只会制定各种规章制度和考核办法，完全忽视业务员所提出的建议。 "我不会再费心提任何建议了，因为他们根本不重视我和其他业务员的建议。 每次我提出建议时，我们公司相关管理人员就说：'这不是你涉及的职权范围，你只需注意销售，其他问题你就不必操心了，这些由我们想办法解决便是。'"这家保险公司主管的行为无疑是一种短视行为，不仅浪费了员工的宝贵建议，同时销售部门业务员的士气也被其损害殆尽。

某公司有一位业务经理，每星期至少召集手下的30名业务代表开一次会。所以，尽管他未亲自到一线接顾客的电话，但通过他和业务人员的沟通，使他能够在第一时间了解到市场的最新资讯和动态。每周他大概都要给下属打20次电话。"情况如何？"他以很友善的方式询问他们。"我能为你做什么吗？如果你有任何建议，尽管提出来。"他表达得很清楚，尽管再忙，他总是会抽空听取他们的意见。如果他实在没时间，在每晚睡觉之前，还是会找时间打电话给下属。

重视下属的建议，但并不代表完全按照下属的建议去办，尊重并不等同于遵从，要从大局出发。 只有那些正确的建议，领导才能接纳和实施。 因此，领导在征集下属的建议时，不妨参考以下几点。

### 1. 说明你需要何种具体建议

你要说清楚自己的目的到底是什么，这样就有助于节省时间，并且使下属充分了解了你的想法。 如果你想检验自己的想法，或是你希望得到别人对你的决定的支持，就要直接说出来。

### 2. 不需要就拒绝

如果你不需要别人的建议，就果断拒绝，但态度要温和，并且语气坚定。 你可以说："你的建议我将牢记在心，但我这次要按自己的想法去办。"如果你已有了主意，就不要再征求建议，坚定地拒绝一切建议。 如果对方为你担心，你可以表示一切后果由自己承担，你可以说："我已下定决心了。"

### 3. 不要因为表面因素而错过好的建议

有人拒绝某个建议是因为觉得这个建议太理想化，而不是这个建议不好。 这样的想法太主观，你不妨先把这个建议记下来，以后再细看。

### 4. 询问该问的人

如果事关重大，你应该努力找一个合适的人听听对方的建议和想法。 有的领导喜欢向身边的每一个人征求意见，这种做法不可取。

## 5. 评估建议的可靠性

有的人喜欢对自己亲近的人言听计从，对自己不喜欢的人的话则听不进去，这种做法是错误的。 对于重大的决策，你可以从以下几方面着手：建言者的专业知识怎样；是否掌握了足够的信息；你真正需要的，他是否了解。

## 6. 评估建议的依据是提出者的人生观和价值观

只有极少数的建议和提建议者的人生观、价值观无关，要考虑到事情的实际情况和人为因素。 例如，某人对你是否接手某项工作的建议中，看重的是什么？ 是升迁的机会，是工资高低，还是其他的东西？ 这取决于其人生观和价值观。

## 7. 多问几个人比少问要好

征集建议时最好要人多一些，一个人的考虑有限，人多了才会把事情考虑周全。 你需要的是了解情况却未卷入其中的下属，是对事件有兴趣却没有感情牵扯的人。 你可以多问几个人，看这些人对问题的看法有何相同和不同处。

## 8. 不要暗示对方回答你想要的答案

暗示他人会扭曲事情的真实性，许多人会极力顺着领导的想法回答。 因此，你要学会正确地提问才能得到你想要的答案。 例如，你问对方："我想把我们公司的业务扩展一下，开一家修理计算机的公司，你觉得怎么样？"下属听到你说"我想"两个字，一般都会附和你的想法。 想要得到真正的意见，你不妨这样试试："在该地区开一家汽车销售中心是否有前途？"

所有的下属都不喜欢自己的领导把一切事情包办到底，喜欢在工作中能有所互动，让自己有参与的机会，没有一个人愿意像木偶那样被领导摆布。如果你的下属感到自己的建议得到足够的重视，就会觉得自己也参与了决策，那么你可以确信，这会比让他被迫接受一个决定更加热心地去执行。

　　大多数人的意见是值得听取和采纳的。尊重和听取下属的建议，对领导大有好处。你的思路会因为你与人商量而得到启发，他人的智慧也是智慧，要学会利用，不要认为天底下只有你一个聪明人。此外，和下属商量办事，有助于你们的合作氛围变得融洽。即使你胸有成竹，但对和下属密切相关的事情也不妨与其商量一下，有助于你很好地了解下属的内心世界，更方便你进行管理。


## 兼听百家，决断自主


　　智囊人员既然是独立地进行调查研究工作，独立地提出自己的见解，那么，他们提出与管理者相左，甚至根本不同的意见的情况是必然存在的。那我们怎样来对待智囊人员的反对意见呢？

　　1. 管理者要有"兼听"的胸怀

　　古语说："兼听则明，偏听则暗。"管理者对于与自己想法不一致的意见，应当细心倾听，认真分析，如果确有道理，那就要服从科学，服从真理，而不要怕丢面子。要知道，反对意见本身正是决策所需要的另一种预选方案。如果只有一种意见，那么就无所谓决策了。智囊专家的意见，无论管理者采纳与否，对于决策都有其重要意义。任何好的决策，都绝不是在众口一词中得到的；相反，都是在激烈的冲突中选择、判断出来的。相反的意见可以互相启迪，在咄咄逼人的反对意见中，管理者的思路会更加开阔。因此，高明的管理者，在没有听到不同意见之前，是不会作出任何决策的。

美国前总统罗斯福被誉为最懂得运用不同意见的美国总统，每逢重大决策，他总是找他的一位助理说："请你研究这个问题，但是请你保守机密。"然后他又找到另外几个助手，同样嘱咐他们去研究同一个问题，而且同样地要求他们保密。这样，罗斯福搜集到了各种不同的意见，他可以从各种不同的角度去看同一个问题，从而作出正确的决策。

美国通用汽车公司总经理斯隆，在一次主持决策讨论会时说："诸位先生，在我看来，对于这项决策，我们大家都有了完全一致的看法。"出席会议者都纷纷点头表示同意，但是，斯隆接着又说："现在，我宣布会议休会，这个问题延期到我们能听到不同意见时再开会决策。这样，我们也许能得到对这项决策的真正了解。"通用汽车公司之所以成为世界汽车工业之魁首，恐怕与重视不同意见的做法不无关系。

可见，管理者听取智囊人员的不同意见，对于决策十分有益。

### 2. 管理者不能为智囊人员的意见所左右

管理者不要忘记自己的领导职责。也就是说，不要忘记自己是决策的主人。智囊人员不是圣人，这些人的意见有正确的，也有不正确的，他们在现实社会中生活，对各种事物都有自己的看法，其研究有时也带有倾向性，而带着倾向性去收集资料，进行研究，就难免得出比较偏激的结论。此外，智囊专家的思想特点，一般是从理想的条件出发，严格按照科学的程序和方法，探讨和拟订理想的优化方案，但是，这些最理想的方案往往又不是切实可行的方案。因此，管理者必须对智囊人员提出的方案进行价值判断，作出自己的决断。智囊人员的作用只能是给管理者提供参考的决策方案，而不是代替管理者决策。一个优秀的管理者，既要善于利用"外脑"，在智囊团工作的基础上作出正确的判断和选择，同时又要有自己的头脑，牢记自己的责任。

## 沟通是刺激员工干劲的法宝

沟通渗透于管理的各个方面，组织中人与人之间的思想交流、信息交流，都是通过沟通才最终达成共识的。著名的组织管理学家巴纳德认为，"沟通是把一个组织中的成员联系在一起以实现共同目标的手段",离开了沟通企业也就没有了管理。

管理大师斯蒂芬·罗宾斯说过：所有管理者都希望自己的员工付出最大的努力，这就应该调整自己的实践以满足员工的需求和愿望。要知道，最好的想法、最有创意的建议、最优秀的计划，不通过沟通都无法实现。员工的想法、建议、计划，通过沟通才能得到企业的认可和采纳。这样，一方面公司有了利于发展的更好点子；另一方面在沟通交流中，员工的价值得到了承认，有了企业的认同，员工对工作的热情才会倍增，才会在企业内越干越有劲。当然，沟通对员工的激励还表现在很多方面。

### 1. 沟通是保证员工做好工作的前提

管理者与员工之间只有通过沟通才能让下属明白自己的工作目标、工作要求以及所要承担的责任，由此，员工才能做出成效，向领导交出保质保量的"答卷"。同时，只有通过沟通，管理者才能准确、及时把握下属的工作进度、工作难度，才能及时为下属解决难题，提供支持和帮助，从而让下属感受到高效工作的乐趣。

### 2. 沟通是启发员工工作热情和积极性的一个重要方式

管理者与下属经常就所承担的工作，以及员工做这项工作的意义进行沟通，下属就会受到鼓舞，就会感觉到他工作本身的价值，并感觉到自己受到尊重。这会给下属带来最直接的自我价值满足感，员工的工作热情和积极性自然而然地会得到提升。

### 3. 沟通有利于形成氛围良好、战斗力强的团队

管理者和下属之间要建立起良好的人际关系，组织要形成一种良好的氛围来提高员工的士气，除了将协调性和技术性的信息传达给员工外，还需要给员工传达鼓励性的信息。充分的沟通可以使管理者了解员工的想法和成功欲望，从而给予员工及时的鼓励，提高员工的工作热情。

同时，员工一般都会要求管理者对自己的工作能力有恰当的评价，如果领导能及时地将对下属的表扬、满意度或者认可以一种最恰当的渠道传递给下属，就会给下属带来很大的激励。同时，组织内良好的人际关系也离不开沟通。人与人之间难免会产生误解、隔阂和猜忌，真诚的沟通可以增进彼此的了解，从而达到消除误解、隔阂和猜忌的目的。如此，企业内便会形成更和谐的氛围，大家也更能"心往一处想，劲往一处使"，此时，团队的战斗力自然也会更强。

### 4. 发问式沟通，能培养员工的主动性

培养员工的主动性是管理活动中很重要的一个环节。但是在现代企业中，仍有很大一部分员工还停留在"领导布置什么任务，我就做什么"的阶段，这样的员工就像机器人。从本质上讲，他们并不是带着思考工作，而只是一种执行的过程。其实造成这种情况的原因，并不单单在于员工的工作主动性差，很多时候，也是因为管理者对自己的角色定位和与员工的沟通方式阻碍了员工的发展和主动性的发挥。

因此，管理者一定要避免"父母—孩子式"沟通方法的陷阱，采取能够培养员工主动性和独立能力的沟通方法。比如，领导在和员工沟通时，多用发问式沟通："是的，你说的这些很

对，还有更好的意见吗？""不错，你的做法很合理，但是如果这样做，是不是更好呢？""这个程序确实已经不错了，能不能再改造一下，让其更完美呢？"如此，经常利用发问式的沟通而不是急于先否定员工的成果，或者是急于把答案告诉员工。这更能激发员工独立思考的能力，培养员工的主动性。

## 与员工顺畅沟通的步骤

要做到与员工顺畅沟通，管理者可按照下面七个步骤执行。

1. 谈话前，做好谈话计划

谈话计划可涉及：明确谈话的目的；确立谈话的主题（列出要传递、获取或交换的信息）；确定好时间、地点，并告诉员工需要提前做的准备工作。

2. 充分了解被谈话者

为了更好地保证谈话效果，管理者可对被邀谈话者的脾气、经历、文化等有所了解，不妨猜想一下被谈话者对此次谈话的反应，要尽量从对方角度出发，控制好谈话进度，创造一个比较轻松的沟通气氛。

3. 确定谈话中有多少"友善"的成分

在谈话过程中，一些友善的行为能缩短你与被邀谈话者之间的心理距离。 谈话中，表现出适当的友善，有时会起到意想不到的效果，比如领导放下架子，适当为员工倒杯水，适时地拍拍员工的肩膀或者采取别的什么形式，都可以消除员工的抵触感。

当然，友善也要掌握分寸，并不是越友善越好。 面对不同性格的人，友善的程度也要不一样，事先确立好原则，更容易把握好谈话分寸。

### 4. 创造良好的谈话环境

为了创造良好的谈话环境，管理者在和员工沟通时，如果不是必要，尽量不要使用音像设备；如果是秘密性谈话，尽量选择人少安静的地方进行；如果有第三方在场，要事先跟员工做好介绍，说明第三方在场的理由。

### 5. 发问的艺术

发问时的措辞及发问方式的选择会直接影响管理者要获取的信息内容，在发问的过程中，为保证发问效果，管理者要注意以下几点：问句尽量简短清楚，让对方一听就明白；不要对你所问的问题做过多的解释和补充；所问内容要与谈话的目的有直接关系，否则容易使主题失控；避免暗示员工做出不诚实的回答；不要一下问多个问题，否则被问者不知选择哪个先答，为了尽快回答你的问题，被问者回答起来或许会含糊不清。

### 6. 引导对方进行谈话，保证交流的双向性

在引导员工进行谈话时，管理者不能自顾自地夸夸其谈，这样做最后肯定达不到目的。

### 7. 应付不适当的反应

在谈话的过程中，有时会因为一些不当给谈话带来困难，使谈话难以进行，这样的沟通也达不到目的，对此管理者要灵活处置：谈话要尽量避免触及对方的敏感事件和不愿透露的私事；提醒自己注意风度，避免急了说粗话，以免使谈话陷入尴尬；当谈话陷入僵局的时候，管理者要果断采取措施解决，或暂时中止谈话。

工作中，员工难免会产生不满情绪，与带有情绪的员工进行沟通时，管理者千万不要一味打击员工的想法，要先尽量想办法帮助员工舒缓紧张激动的情绪，等到员工平静下来，再与员工探讨发展性的问题。比如，可以从公司整体的角度看待员工当前的处境，从员工职业发展的角度来看其目前面对的困惑。这时候，员工接受起来就相对容易了，沟通的效果才会达到最好。

当然，有效沟通还来自管理者对细节的关注，掌握沟通的三个关键细节，建立起自己的沟通模式，能让沟通发挥更大更积极的作用。与传统方式不同，成功的管理者在沟通时会运用更好的沟通方式。首先会努力引起对方的注意，然后激起对方改变想法的愿望，最后补充一些解释。以领导讲话为例，具体谈谈其中必须注意的三个关键细节。

### 1. 引起员工的注意

如果领导的讲话不能引起员工的注意，那么，沟通还有什么意义可言？在沟通中，要想人们时刻集中精力很难，但是，若想员工走神，那简直太简单了。任何人任何一个小的动作都可能使员工走神。一旦员工走了神，领导就是讲得再天花乱坠，讲得再激情四射，员工也只能把领导的话当成背景音，而沉浸在自己的思维里。所以，聪明领导讲话的第一步就是要引起员工的注意。

2. 激起员工改变想法的愿望

引起听众的注意和激起听众改变想法的愿望，完全是不同的两件事。领导的讲话能引起员工的注意却不一定能激发员工付诸行动的愿望。所谓"想起来激动，干起来不动"就是对领导与员工间无效沟通的一种反映。很多时候，员工听了领导的讲话激动无比，甚至个个摩拳擦掌想改变自己。可惜的是，和领导沟通还不到3天，员工就把这种激动抛诸脑后了，工作依然是老样子，什么改变都没有。

这就是传统沟通模式的弊端——谈了话，却激发不了员工改变行为的愿望。如果要激发员工改变想法的愿望，管理者的话不仅要触及听者的脑子，更要触及听者的心。

最有效的做法就是管理者要建立起跟员工之间的情感联系。激发愿望是关键，因为只有有了某种强烈的愿望，人才能拥有做某事的决心。

管理者要具备讲故事的本领的说法，被管理层广泛接受。但是，什么样的故事才能有效激发员工的愿望？能激发员工愿望的故事不是情节曲折、富有戏剧性又与自己的生活相距甚远的故事，能激发员工愿望的故事往往是跟员工生活息息相关且又有声有色的故事。这样的故事既能让员工觉得近在咫尺，又能让员工在情感上跟领导建立联系，并通过故事的启发，使员工将自己的愿望付诸行动。

为什么管理者一个简单真诚的故事能让员工产生共鸣？因

为它不仅仅是一个故事，更多的是员工通过故事会感觉到领导对自己的理解，由此员工会觉得领导平易近人，他们愿意接受这个故事，并愿意为某种激动而做出改变。

### 3. 辅之以解释

只建立情感联系是不够的，给出让员工改变想法的理由也非常重要。如果一个领导在和员工建立起感情之前，就滔滔不绝地讲出一堆让员工改变想法的理由，那往往是在做无用功。由于员工和领导之间还没有建立起感情，过多的理由甚至还会让人产生逆反心理，让员工在内心产生各种反对理由。所以，给员工做说服工作应该先与其建立起感情，并且已融入谈话之后才开始。

这就是让任何一种管理者的谈话变得有意义的关键三步。当然，这三步也可以拆分使用，有针对性地使用其中的一步。也就是说，领导在与员工谈话时，可根据需要改变这"三步"模式，而并非一成不变。

## 正确对待并妥善处理抱怨

俗话说，"一人难称百人心"。企业中，管理者做出一个规定，提出一个要求或是一个意见，很难做到让每一个员工都满意。于是，就会从多种渠道时不时传出一些抱怨声。

作为管理者，如何处理这些来自不同渠道的抱怨声呢？是充耳不闻还是在规章制度里明确写上拒绝抱怨？ 其实，在一个组织里，抱怨是不可避免的，关键是看管理者如何去正确面对员工的抱怨。

心理学中的霍桑效应告诉人们：不良的情绪要及时宣泄，适当的宣泄就如同心理排毒。 当员工有愤怒、不满、抱怨等不良情绪时，及时宣泄能让他们尽快恢复平静的心情。 相反，如果员工的不满情绪得不到及时宣泄，经过长年累月的积累后就会演变为抱怨、抵触等负面情绪。 他们将这种情绪带到工作中，自然会影响工作效率。

优秀的管理者从来不是对员工的抱怨声装作听不见；相反，会经常观察员工的情绪。 当发现员工有不满情绪的时候，优秀的管理者就是员工最忠实的听众，在倾听中引导员工把不良情绪宣泄出来。

事实上，一个管理者要获得驾驭人的卓越能力的最快捷、最容易的方法之一就是用同情的心理，竖起耳朵倾听员工的谈话。 要成为一个好的听众，管理者必须做到以下几点。

1．耐心倾听下属的抱怨

其实，员工的抱怨有时无非是为了发泄，这时候就需要听众，而这些听众往往是自己最信任的那部分人。 当你发现员工抱怨的时候，最佳的策略就是倾听，然后表现出你在听抱怨者说的话。

你可以找一个安静的环境，让员工无所顾忌地进行抱怨，即使对方的抱怨听起来毫无意义，也不要查看你的电子邮件或者坐立不安；相反，你要给出回应，比如点头并说一些诸如"这一定很难受"之类的话。

在大部分情况下，抱怨者都能够在十分钟甚至更短的时间内恢复正常。只要你能让员工在你面前抱怨，你接下来要做的说服工作就简单多了，因为你已经获得了对方的信任。如果此时，你采取一些愚蠢的强制建议："别抱怨，这完全没用……"然后员工的抱怨只会延续更长的时间。

记住，抱怨者首要的需求就是感觉到自己的意见被倾听了。实际上，对于抱怨者自己来说，已经知道了自己应该怎样去解决这个问题，但就是无法激励自己采取行动，除非自己能先抱怨一会儿。

### 2. 尽量了解起因

俗话说，"无风不起浪"。任何抱怨肯定都有起因。管理者想很好地解决员工的抱怨，就要尽量了解员工抱怨的起因。除了从抱怨者那里了解事件的原委之外，管理者还应该听听其他员工的意见。如果是因为部门关系或者同事关系产生的抱怨，管理者一定要认真听取双方当事人的意见，千万不要偏袒任何一方。

在事情没有完全了解清楚之前，管理者先不要发表任何意见和言论。过早表态，只会使事情变得更加糟糕，更加难以解决。

### 3. 听懂下属的弦外之音

为了更好地了解下属抱怨的原因，在倾听的时候，管理者也要注意抱怨者的面部表情、仪态、姿势以及双手乃至全身的动作。要明白，想成为一个优秀的听众，不仅需要管理者竖起自己的耳朵，还需睁开眼睛。

### 4. 提供你的见解

有的领导认为员工的地位不高，肚子里有些牢骚也是很正常的，没有必要大惊小怪，这种想法是错误的。抱怨作为一种消极的情绪，可以互相传染也可以迅速发展。因此，作为管理者，对待员工的抱怨，首先要给予足够的重视。只有重视了，才有可能认真地想办法去沟通、去解决问题。

做了前面的工作之后，到这里，抱怨者开始慢慢恢复平静，一旦抱怨者开始恢复平静，抱怨就进入了尾声。再加上经过不断了解，到此时，你也基本上清楚了员工抱怨的原因。接下来你要做的就是对员工的抱怨做出正面的、清晰的回复。你可以问他："说出来对你有帮助吗?"无论答案是"是"或"不是"，还是"有点"都不重要。关键是你通过这个问题营造了一种氛围，让抱怨者明白你倾听他的抱怨是为了帮助他。

不管怎样，到这一步，要解决抱怨者的抱怨就更容易了。现在，你可以继续问对方："你愿意听听我对这种情况的看法吗?"如果答案是"不"，那么就没有必要再说了。你真诚地聆听了对方的抱怨，已经竭尽所能地帮助对方回到正轨了，你可以结束这场谈话了。如果对方的回答是"是的，愿意"，那么，你就可以根据你的看法提出你的建议。

此外，在你们的谈话即将结束的时候，你可以告诉你的员工，有比抱怨更好的选择。


### 5. 如果有必要，立即采取相应的纠正措施

上面四点对于大部分的抱怨者来说都是有效的，这会让他们能够在几分钟内回到真实的世界里。然而，如果一名员工或者同事总是不停抱怨，甚至在领导与其谈话之后，还是不停抱

怨，那么就存在两种可能。

（1）抱怨的人本身可能存在情绪上的问题，并且这个问题已经蔓延到了工作场所。 如果是这样的话，作为上司，管理者应该建议抱怨者立刻去做相关的心理咨询或者是求助医疗援助。

（2）这名抱怨者和他的工作之间可能存在着某种难以逾越的不匹配的情况。 因为这种不匹配关系难以逾越，对企业来说，解决起来会很麻烦，如果真的是这样的话，那么最好的办法——为了整个组织和抱怨者本人好——帮其调动岗位或者辞退。

第三章

知人善用，砥砺前行

## 区别对待，要对下属进行合理的分工

知人善任，对下属进行合理分工，可以使下属心情舒畅，充分发挥下属的积极性和创造性。作为管理者，其主要精力应该放在计划、组织、监督和指导上。如果事必躬亲，必将因小失大。一方面，自己的时间和精力大部分被琐碎的事务占去，势必影响宏观调控的能力；另一方面，又会使下属觉得无事可干、束手束脚，丧失工作的积极性和创造性，不能人尽其才。这样即使你干得筋疲力尽，也难取得卓越的成绩。

管理者必须根据发展状况和实际需要，认真研究企业对人才的需求，什么岗位需要什么样的人才，要做到心中有数。同时，要清楚了解下属的能力与特长情况，尤其要善于发现那些默默无闻的人才。要根据人才的专长，扬长避短，合理使用人才，千万不要将有能力的人才闲置。

作为管理者，在对下属进行任务分工时也应根据下属的能力和特长进行合理分配，否则会引起下属的不满情绪，影响上下级之间的交往，不利于工作的完成。

有一天晚上，索尼公司董事长盛田昭夫按照惯例走进职工餐厅与职工一起就餐、聊天。他多年来一直保持着这个习惯，以拉近他与员工的良好关系。这天，盛田昭夫忽然发现一位年轻职工郁郁寡欢、满腹心事，闷头吃饭，谁也不理。于是，盛田昭夫就主动坐在这名员工对面，与他攀谈。几杯酒下肚之后，这名员工终于开口了："我毕业于东京大学，原来有一份待遇十分优厚的工作。进入索尼之前，对索尼公司崇拜得发狂。当时，我认为进入索尼，是我一生的最佳选择。但是，现在才发现，我不是在为索尼工作，而是在为课长干活。坦率地说，我这位课长是个无能之辈，更可悲的是，我所有的行动与建议都要课长批准。我自己的一些小发明与改进，课长不仅不支持，还挖苦我'癞蛤蟆想吃天鹅肉'，说我有野心。对我来说，这名课长就是索尼。我十分泄气，心灰意冷。这就是索尼？这就是我的索尼？我居然放弃了那份优厚的工作来到这种地方！"

这番话令盛田昭夫十分震惊，他想，类似的问题在公司内部员工中恐怕不少，管理者应该关心他们的苦恼，了解他们的处境，不能堵塞他们的上进之路，于是产生了改革人事领导制度的想法。之后，索尼公司开始每周出版一次内部小报，刊登公司各部门的"求人广告"，员工可以自由而秘密地前去应聘，他们的上司无权阻止。另外，索尼原则上每隔两年就让员工调换一次工作，特别是对于那些精力旺盛、干劲十足的人才，不是让他们被动地等待工作，而是主动地给他们施展才华的机会。在索尼公司实行内部招聘制度以后，有能力的人才大多能找到自己较中意的岗位，而且人力资源部门可以发现那些"流出"人才的上司所存在的问题。

这种"内部跳槽"式的人才流动给人才创造了一种可持续发展的机遇。在一个单位或部门内部，如果一个普通职员对自己正在从事的工作不满意，认为本单位或本部门的另一项工作更加适合自己，要想改变一下确实不太容易。许多人只有在干得非常出色，以致感动得上司认为有必要给他换个岗位时才能如愿，而这样的事普通员工一辈子也难碰上几次。当职员们对自己的愿望常常感到失望时，他们的工作积极性便会受到明显的抑制，这对用人单位和职员本身都是一大损失。

一个单位，如果真的要用人所长，就不要担心职员们对岗位挑三拣四。只要他们能干好，尽管让他们去争。争的人越多，相信也干得越好。对那些没有本事抢到自认为合适的岗位，又干不好的剩余员工，不妨让他们待岗或下岗，或者干脆考虑外聘。索尼公司的制度就是这样，有能力的职员大都能找到自己比较满意的岗位，那些没有能力参与各种招聘的员工才会成为人事部门关注的对象，而且人事部门还可以从中发现一些部下频频"外流"的上司所存在的问题，以便及时采取对策进行补救。这样，公司内部各层次人员的积极性都被调动起来。当每个干部、员工都朝着"把自己最想干的工作干好，把本部门最想用的人才用好"的目标努力时，企业人事领导的效益也就发挥到了极致。

领导的任务简单地说，就是找合适的人做合适的事，然后鼓励他用自己的创意完成手上的工作。管理者要想说服下属，让下属依照自己的意思行事，就必须摸清下属的性格，对不同的人采用不同的方法，既不能千篇一律，也不能"牛不吃草强按头"。摸透下属的秉性，必须对下属有全面、细致的了解，对下属的情况知道得越多，越能理解下属的观点和存在的问题。作为管理者，应该尽一切力量去认识和理解一个人的全部情况。下属们的工作态度、习惯不只影响自身的工作效率，个人的情绪有时也容易影响到其他下属的士气和工作效率。身为领导不能忽视下属的性格问题，只有了解了下属的性格，才能采取正确的对策，以理服人。

三国时期，诸葛亮作为领导，对下属的性格可谓了解得极其透彻，他能针对不同的下属而采取不同的对策，所以能让所有下属都口服心服。关羽自傲自大，诸葛亮在派他去华容道之前，就利用他的自大自傲，使其立下军令状。其后，关羽果然如诸葛亮所料，放走了曹操，他也从此对军师诸葛亮更加信服。

而张飞，性格鲁莽、脾气暴躁。诸葛亮对这一莽汉则采取激将的办法，往往激得张飞不惜生命南征北战，从而取得胜利。事后，张飞对诸葛亮也是口服心服。孟获有少数民族的特点，淳朴但又奇猛无比。对待这样的人，诸葛亮则采用了攻心战术。七擒孟获，使孟获由衷地佩服诸葛亮，并从此对诸葛亮、对蜀国死心塌地。

对于不同的下属，管理者一定要先把握他们的性格，才能够据此采取不同的对策，让他们信服。

对于那些事事悲观，对新观念不抱希望的下属，管理者在他们面前一定要保持一种乐观进取的态度，让他们有所放松，并多多鼓励他们积极进取。

对于那些脾气暴躁的下属，应当在他们心平气和时，让他们知道乱发脾气是不恰当的，并强调单位是个整体，不容许个别人破坏纪律，也不会姑息乱发脾气的行为。当他们情绪激动的时候，最好先不要发言，要先听他们诉说心中的不平。一个愤怒的人，通常会有很复杂的情绪，细心地聆听可以令他感觉到你在注意他，并会对你慢慢地有好感。

对于一些个性极强的下属，则不能放任自流，要及时地制止他们我行我素的行为，让他们明白不能无视单位的纪律，以直接劝告来达到说服的目的。

作为管理者，面对有着不同秉性的下属，要懂得去了解下属的性格，把不同性格和具有不同特长的下属放在不同的位置上以充分发挥其才能。

管理者要具有"物尽其用，人尽其才"的敏锐眼光，用心去发现员工"能做什么"，而不是注意他"不能做什么"；要能"扬长避短"，甚至"扬长纳短"；不求其"完美"，而只求其"贡献"。这才是管理的真正含义。

## 用人如用药，讲的是搭配

企业用人的质量取决于什么？人才的素质，人才的数量，还是管理者的素质？不错，这些都是影响因素。但更重要的一点还在于人才的合理搭配。也就是说，在一个人才众多的组织中，不仅要有众多独具优势的个体，更需要有最佳的群体结构。

要知道，在企业里，仅仅用人之长是不够的，管理者还必须把具有不同长处的人，合理地进行组合搭配，通过人才的优势互补，实现团队"1+1>2"的整体功效。在合理的用人搭配上，唐太宗李世民就是典范。

唐太宗李世民除了用人上扬长避短外，还善于根据人才的优势进行组合使用，把房玄龄和杜如晦合理地搭配起来使用就是一个很好的例子。

中书令房玄龄善于谋划，经常能提出很多精辟的见解和治国之道，但是，房玄龄却相对缺乏整理思维，常常是提出很多精辟的见解，却很难决定颁布哪一条。

杜如晦作为兵部尚书，在决策、判断方面胜人一筹。他虽不善谋划，但却善于对别人的意见做出周密分析，并且他精于决断，很多事情经他一审视，很快就能变成一项决策、律令。

于是，唐太宗将他们俩搭配组合在一起，从而形成了历史上著名的"房谋杜断"的黄金组合。

三国时期魏人刘劭在其《人物志》中指出"用人如用药"，只有将各味药材搭配好了，才能发挥出最好的药效。同样，企业只有将各类人才配置合理了，才能互相促进，否则就会相互制约。很多企业什么资源都没有增加，只是调换了某些职位的管理者，只是对管理者间的合作进行了重新搭配，结果企业就搞活了，原因就在这里。

但也有很多企业并不讲究人员的搭配而最终造成内耗。一山不容二虎，要说服"两只老虎"团结在一起并不是那么容易的事情，最好的办法就是把"两只老虎"分开，把"老虎"和"狐狸"放在一起。

有这样一个例子，两个年轻人，专业相同，都血气方刚，脾气都比较急躁，并且是同一年毕业，水平不相上下，两个人都很强势。毕业后，他们到了同一家公司，被安排到同一个部门，一个是正职，一个副手。有时候，副手比正职还强势还厉害，结果，经常闹得不可开交。这种情况是上级领导一手造成的，把好斗的"动物"都放到一起，其结果当然是两败俱伤。

其实，人才的最佳组合不一定是要追求"强强联手"，重要的是要追求优势互补。管理者应该将不同类型的人才进行合理搭配，并把他们放在最合适的位置上，以求互补互促，达到人才组合的最佳效能。

因此，优秀的管理者不仅仅要看到单个人才的作用和能力，更重要的是要组织一个结构合理的人才群体，以求达到团队的整体效能。

日本西武集团的掌门人堤义明晚年总结了一套影响自己一生的经验和教训，其中有一条就是"1+1=0"法则，这源于他自己的一次管理教训。

20 世纪 70 年代，西武集团在加拿大多伦多创建了一家豪华酒店。堤义明认为这家酒店必然要有一个强有力的领导班子。经过长时间考虑和不断比较，他决定委派三名重量级的部下去酒店任职。

对于这三名部下，如果不是酒店占据举足轻重的地位，堤义明自己也舍不得外派。临行前，堤义明为他们设宴饯行。他相信这三名虎将此去一定会大展宏图。会上其乐融融，但西武化学社社长森田重光却看起来忧心忡忡。堤义明知道森田重光一定有不同的想法，便在宴会后请他留下。

原来森田重光觉得委派这三名大将去管理酒店并不合适。原因很简单，这三名大将共同的优点是创造性很强，共同的缺点是自以为是，拙于合作和协调。把这样性格的三个人绑在一起，不但不能同心协力，反而很容易互相拆台。

堤义明觉得是森田重光过于担心，所以没有采纳他的建议。但两个月后，酒店不断亏损的经营情况证明了森田重光的预言是何等正确。堤义明觉得有必要马上召开集团高层会议，这次会议的主题就是更换酒店的领导班子成员。也是两个月后，在更换了新的领导班子成员后，酒店的生意迎来了兴隆，营业额比之前提高了1.5倍。


从堤义明的案例中，我们可以看出：人才的"强强联手"并不一定是最好的，人才只有经过合理搭配，才能发挥出群体的力量。一个人的能力即使再强，个人的力量是有限的，若搭配不好，能取得的成功还是有限的。因此，企业在选人用人的时候，既要认真研究个体优势，充分发挥个体所长，又要通过合理搭配，发挥出整体的最大效益。

# 先看其长，后看其短

管理者识人要全，知人要细。 知人的目的是用人，因此，管理者的注意力应该集中在一个人的优点上。 正如管理专家德鲁克所说：“有效的管理者选择和提拔人才时，都以一个人能做什么为基础。 所以，我的用人决策，不在于如何减少人的短处，而在于如何发挥人的长处。”

清代思想家魏源指出：“不知人之短，不知人之长，不知人长中之短，不知人短中之长，则不可以用人，不可以教人。”人各有所长，也各有所短，只要能扬长避短，天下便无不可用之人。 从这个意义上讲，中层管理者的识人、用人之道，关键在于先看其长，后看其短。

若先看一个人的长处，就能使其充分施展才能，实现他的价值；若先看一个人的短处，其长处和优势就容易被掩盖和忽视。 因此，看人应首先看他能胜任什么工作，而不应千方百计挑其毛病。

在用人所长的同时，管理者要能容其所短。 这里的短处包括两个方面：一是人本身素质中的欠缺之处；二是人所犯的某些过失。 一方面，越有才能的人其缺陷也往往暴露得越明显。例如，有才干的人往往恃才自傲，有魄力的人容易不拘常规，谦和的人多胆小怕事，等等。 另一方面，错误和过失是人在所难免的。 如果对贤才所犯的小错也不能宽恕，就会埋没贤才，世间就几乎没有贤才可用了。 水太清，就养不活鱼；对人过于苛求，则不可能有朋友。 管理者用人识才要能容其所短。

尺有所短，寸有所长。 识别人才重要的一点就是不能以短遮长。 倘若识人只注意某一个缺点或短处，就武断地下结论，那么这种识才的方式是非常危险的，大批人才将被抛弃和扼杀。 管理者必须有肚量，先容其短，才能用其长。

宋代司马光总结说："凡人之才性，各有所能，或优于德而强于才，或长于此而短于彼。"用人如器，各取所长，这是现代企业领导的最基本的管理才能。

当你的上司表扬你时，不妨举荐几个立功的下属。 一来可以在上司面前表现你胸怀大度；二来可以使上司明白你领导有方，培养人才效果颇佳；三来可以使下属对你感恩戴德。 一箭三雕，如此划算的事情，当然要做。

通过你举荐之后，你的下属或许会得到提升，或许会被加薪，这时不要感觉心理不平衡。 开阔心胸，不必斤斤计较，更不可看到别人加薪就眼红，因为如此得来的是对全体部下的激励，使之更加忠心地为你效力。

过犹不及，如果把功劳全部归于下属，把管理者显得像个白痴，或承担所有过错，被上司看作毫无办事能力，那么管理者的乌纱帽就要丢了，还如何去荫庇别人呢？ 所以也要掌握一定的分寸。

## 助才成长，敢于提拔

　　管理者在选拔任用各类人才时，要敢于把那些具有一定潜能的人才提拔上来，这样不仅有助于人才的成长，更有利于领导工作。

　　提拔有潜能的人才是聪明管理者的用人艺术。伯乐常有而千里马不常有，这是指人才难求。可张瑞敏却反其道而行之，他认为，中国缺的不是人才，而是出人才的机制。对管理者来说，重要的不是怎样去识别人才，而是应该建立一个出人才的制度，创造一种出人才的氛围。为此，在创立海尔之初，张瑞敏在人才的选拔使用上提倡"赛马"而非"相马"。他在企业内部推行了"人人是人才，赛马不相马"的人力资源开发理念以选拔人才、创造人才，并配合"三工并存，动态转换"的人才管理方法，使所有员工都处于一个动态的管理机制下。

　　海尔的赛马机制是全方位的开放式的，所有的岗位都可以参赛，岗岗是擂台，人人可升迁，而且其升迁机制对全社会开放以实现公平、公正、公开。在海尔不分身份、年龄、资历，只要有技能、水平、活力、创新精神和奉献精神，都可进入赛场竞争。一般员工只要有能力就可以升迁为管理人员，甚至平凡的有才华的农民工也可以走上领导岗位。海尔的局外人都会被一种竞争向上的氛围、一种朝气蓬勃的气息深深感染。海尔集团为了保持干部队伍的勃勃生机，对干部队伍实行动态管理，公司经常根据员工的业绩选拔、吸收和提拔有相应专业知识、管理水平和领导能力的干部，不断调整干部队伍的知识结构和年龄结构。对于缺乏必要知识和能力、不能胜任现在职务的干部要坚决调离；对于有较高知识水平和能力、能胜任较高职位要求的，要大胆晋升上去；对于年龄偏大、精力已经不能胜任现在职务要求的，则调到较低的职位或者退养。

海尔集团在三个方面实现着管理的动态化。

### 1. 能者上

海尔集团公司借鉴美国的"能力待遇"和日本的"年功序列"，提出了海尔集团公司"破格提拔"与"阶梯晋升"相结合的原则。如果员工的工作业绩突出，素质能力能够胜任较高的位置，个人就可以对照标准提出申请，公司经过逐级审核后向事业部公布结果。员工在进入人才库、竞争上岗后享有相应的待遇。

### 2. 庸者下

海尔集团的"三工并存，动态转换"（三工：优秀员工、合格员工、试用员工）有上转和下转，如果在考核期间未能完成生产任务或者有违纪行为，则进行下转，或者退到劳务市场，严重者会被公司淘汰。在海尔集团每月都有新的人员走向更高的工作岗位，也有一些员工因不适应企业的要求而被淘汰。

### 3. 平者让

对于年龄偏大、知识能力水平已经不能够胜任职位要求，但又在自己的岗位上为企业的发展做出了贡献的员工，海尔集团就鼓励这些员工去第三产业中担任管理职务。 这些工作一方面对专业知识、技术水平要求不太高；另一方面能使年龄较大的员工的工作多样化、丰富化，从而调动员工的积极性，提高人力资源的利用效率。

海尔集团全方位的人员管理，使每位员工施展才能的空间加大，创新的机会增加。

海尔集团的这种"赛马不相马"的选拔方式可以说是最符合中国客观实际的一种领导用人方法，也是助才成长的一种方式。 它真正体现了一个优秀管理者用才、拔才的高超智慧。

## 合理用人，充分发挥个人的聪明才智

管理者要正确、合理地用人，充分发挥人的聪明才智，就必须讲究用人艺术，努力做到以下几点。

1. 因事用人，避免人浮于事

一些组织因人设事，机构臃肿、人浮于事，往往使管理者伤透脑筋。 尤其令人头痛的是，那些空闲人唯恐管理者看到他们闲着，因而总是争着找事干。 结果，许多毫无实际意义的会议、报表、材料、总结、讲话、指示便应运而生了。 在这种虚假的、徒劳的忙碌之中，很多人做的都是无用功。

因此，绝不能因人设事，而必须因事用人。

所谓因事用人，就是指在选用人才时，应该尽量满足实现目标对选才、用才的需要。 如果将整个管理活动用一条清晰的轨迹线条描画出来，就不难发现，指向各个分目标的运行轨迹和指向总目标的运行轨迹在方向上、路线上是完全吻合的。 这就意味着，根据管理活动的总目标（整体规划）制定的各个分目标（局部规划）没有一个是多余的，或者是起反作用的。 管理者只要严格按照管理活动的总目标以及各个分目标的要求来物色各种人才，就可以断定，所选用的下属肯定没有一个是"多余的人"。

## 2.扬长避短，适才适用

俗话说，尺有所短，寸有所长。 用人的要诀首先在于用其所长，管理者应该认真分析每一个下属的优点和缺点，分析下属的长处和短处，尽可能地将其放在最能发挥其优势的岗位上。 实践证明：一名优秀的县委书记，未必能胜任一所大学的校长；一位德高望重的劳动模范，不一定是一个称职的管理者；一位成果卓著的科学家，不一定能管好一个科研所。 每个人都有其所长，也有其所短。 如果把合适的人安排在合适的岗位上，发挥其长处，就会使其成为有用之才；如果放弃其长处，而用其短处，即使再有才能的人，也会成为庸才。 现代管理者的用人之道，就在于用人之长，避人之短，适才适用。

## 3.因人制宜，区别对待

每一个人都有不同的个性心理特征，并且不同的个性心理特征在人的能力、气质、思想状况、爱好、兴趣，以及处事、与人交往等诸多方面都会有不同的表现。 管理者在用人时，应根据不同的个性特征，因人制宜，区别对待，这对于激发和调动其积极性会大有益处。

### 4. 用养并重，不断"充电"

管理者选拔人才或使用人才，都是为了充分利用现有的人才资源，这当然十分重要。然而，作为有远见卓识的管理者，不仅要善于选拔和使用人才，还要重视培养人才。如果只注重使用而忽略培养，那无疑是涸泽而渔，久而久之，人才就会枯竭。《汉书·李寻传》说："马不伏枥，不可以趋道；士不素养，不可以重国。"就是说，如同马需要驯养才可以上路奔跑一样，有能力的人要有平时的育养才能为国家发挥重大作用。人才的使用有一个才能的输出和输入的过程。任何一个系统，如果只有输出而没有输入，那么这个系统就无法维持，就会逐渐丧失应有的功能。当今社会正处在知识经济时代，现代科技发展日新月异，知识陈旧、老化的速度越来越快。因此，管理者要使自己和下属能适应形势，做好工作，就必须创造学习型组织，为各类人才更新知识、不断"充电"提供良好的条件。

# 用人要宽严相济

用人是一门艺术，它就像作战时排兵布阵一样，用人得当，则大功告成；用人失当，就有满盘皆输的危险。因此，对管理者来说，用人时切忌心慈手软，当断不断，造成后患。古代帝王通过强大的王权而建立的用人制度，自然而然的是用王权为威；今天的用人者，是没有这样的条件了，但用人以严的道理是应永记心头的。

所谓用人以严，并不是说领导没有一点人情味，对下属不苟言笑，冷若冰霜，使下属整天战战兢兢，如履薄冰，而是说领导在用人中要做到刚柔相济，恩威并重。在平常生活中，尽量实现"柔"和"恩"；在工作中，则应像军队一样做到军令如山，说一不二。说到用人以严，最有名的例子恐怕就是蜀相诸葛亮挥泪斩马谡了。街亭失守，马谡难辞其咎。作为一名优秀的将领，作为诸葛亮的好友，却犯下如此低级错误，该怎样处罚呢？这是摆在诸葛亮面前的一道难题。若不严惩马谡，那么以前苦心经营的严明军纪将一举作废，导致军心涣散，甚至北伐大计也会成为泡影；若是严惩，马谡确实是难得的人才，又和自己有莫逆之交，杀之于心不忍。这种进退维谷的两难境地并没有难倒深谋远虑的诸葛丞相。他深知用人之术，该宽则宽，该严则严，决不手软。挥泪斩马谡，与其说是诸葛亮高风亮节的展现，倒不如说是这位丞相用人艺术和才华的全面释放。

用辩证法的观点说，事物总存在正反两个方面，用人艺术中的宽和严亦是如此。文艺复兴时期的思想巨匠马基雅维利曾说过，软硬两法最好是二者兼备。他认为，人作为一种有感情的高级动物，总有一种趋利避害的倾向。受到恩惠便产生爱戴，受到威吓便产生恐惧。对于一个成功的管理者而言，"爱戴"和"恐惧"的情感应同时存在于下属的头脑中。完全的老好人形象和专制的暴君形象，都不应是成功的管理者在大众中树立的形象。可见对于管理者而言，用人必须做到宽严相济。

但马基雅维利也谈到，受到恩惠而产生的爱戴感往往是暂时的，不永久的，由于威吓而产生的恐惧则往往长久地印存在人们的头脑中。中国民间谚语中也有类似的表述，即"一朝被蛇咬，十年怕井绳"。再如第二次世界大战德国的纳粹暴行，虽然过去已很多年了，但现在人们提起来仍心有余悸，生怕暴行重演。由此不难看出，在有些时候，积威产生的恐惧比恩惠而生的爱戴要有效得多。对于管理者用人，也应注意到这一点。当然对于管理者来说，同样还要注意的一点就是，"严"一定要把握好尺度，因为"严"掌握得不好，往往容易使人想到暴行，这是管理者最不愿意看到的结果。

在用人过程中，施威与善后也是一种宽严相济的艺术处理方法。在工作的任何时候，对任何人都同时使用宽严两种方法并使之运用得当是非常难的，甚至可以说是不现实的，这就产生了另一种宽严的结合方式，那就是施威于前，而后再进行善后处理。

有经验的管理者深知，上下级之间的交流最忌平淡无奇。一阵狂风暴雨过后，天青青水蓝蓝，才显得彩虹是如此迷人。管理者适时适度地威严于前，有利于下属严格按照要求办事，从而早日成功；不失时机地进行善后处理，又使下属对领导重建好感，达到雨过天晴的效果。

总之，在用人过程中，宽和严都是必不可少的，二者如鸟之双翼，车之双轨，缺一不可。当然，至于宽和严的合理使用，则要根据不同的事具体而定了，并没有一个统一的格式可遵循。

## 为下属做个远期规划

联想的员工的发展理念是："个人主动规划，上级指导；业务提供事业空间和发展舞台；人力资源建立机制和体系保障。"也就是说，员工职业发展的实现需要个人自我负责，业务和人力资源提供平台。

联想一直致力于为员工提供多条发展路径，帮助个人实践在联想的职业发展。在联想除了"经理—高级经理／总监—总经理—副总裁—总裁"的管理发展路径外，2000 年开始，联想首先从研发人员开始建立专业发展道路——推出了联想自己的技术职称体系。有志于在专业方面精深发展的研发人员可以沿着"助理工程师—工程师—主管工程师—资深工程师—副主任工程师—主任工程师—副总工程师"的路径发展，公司通过制度保障高级研发人员的责权利匹配。

2001 年至今，在研发、工程、技术支持三个技术专业序列外，联想逐步开始建立渠道销售、大客户销售、产品、采购、财务、管理咨询等岗位序列的专业发展道路，通过明确各专业序列不同层级岗位的胜任能力要求，为员工确立专业发展路径和方向。比如，一个渠道销售人员可以沿着销售助理—业务代表—高级业务代表—资深业务代表的路径规划发展自己的职业生涯。

在不同专业序列能力体系的基础上，公司有针对性地开发系列培训课程，或选择适合的外部培训学习方式。员工和直接上级就能力发展需要达成共识，通过选择不同的培训提高各项能力。同时，公司还推行轮岗、关键岗位的竞聘制度，让员工多方面发挥和展现自己的能力。

两条发展道路是实现联想员工职业发展的重要机制：对个人来说，员工可以根据个人的特长和职业兴趣选择适合的发展路径，实践自身的职业发展；对企业来说，为各类专业人才提供更多的选择机会和发展空间，最大限度地发挥了员工的潜能。

什么是事业发展与规划管理？它就是企业通过人力资源发展部门，将员工追求个人事业的活动，纳入到组织发展过程中的人力资源配置和人员培训等一系列活动之中。

对员工来说，事业发展与规划是一个不断寻求工作与生活质量满意的动态平衡过程。对组织来说，帮助下属规划和发展他们的事业是最具长期效应的激励措施。通过事业发展与规划管理，能使员工的需要和利益相容于组织的目标和利益。事业发展与规划管理的过程，也就是组织和个人的目标和利益相匹配的动态发展过程。

事业发展和规划管理是以组织与员工共同成长、共同发展和共存共荣观念为基础的，是企业以人为本管理思想的较好的实现方式。它具有深层次的激励效应，具体表现在：从信息沟通的方式看，以上的匹配过程是一个单线的双向交流过程，这一过程允许下属自由提问，使下属具有平等感；从满足下属的需要层次看，这一过程能满足下属的情感需要、受尊重的需要，以及有助于满足自我实现需要，所满足的是高层次的需要；从丰富工作内容方面看，这一过程有助于下属选择做自己愿意做的工作，双方可以讨论重新设计工作和工作轮换问题，可以讨论调整工作责任问题，这些都可以提高员工的生活质量；从下属的事业发展方面看，双方讨论下属的事业发展领域及所需的技能，并为下属提供继续教育和通过参与特殊项目来发展下属的个人能力的机会，这样有助于留住优秀人才。

　　作为管理者，要善于将员工的绩效与对组织的贡献联系起来，增强下属对组织的归属感和自豪感，并有助于培养下属从组织大局考虑问题。另一方面，主管还要听取下属对工作绩效的自我评价，这样有助于下属提高对工作本身的绩效。从维持下属的事业和家庭的平衡发展看，双方讨论下属对业余时间的支配和发展家庭关系问题，还能满足下属提高生活质量方面的要求。从下属事业发展的途径看，能使下属的事业发展途径多样化，他既可以沿垂直的组织等级阶梯向上发展，也可以在平行的相关职位上发展，还可以通过进入"专家组"，作为"核心分子"来发展。从对组织发展的风险防范角度看，由于双方讨论的问题都是未来导向性的，就使组织变革和下属的工作转换都处于相对平衡的状态，避免突然变化给双方带来的损失。

## 给下属一个富有挑战性的工作

　　没有挑战的生活会索然无味，没有挑战的工作会使员工变得平庸而没有工作热情。管理者给下属一个富有挑战性的工作，不但可以提高工作效率，还能发挥下属的长处。

下属要应对挑战，必须充分调动自己的才华和潜能。有时，以为用这种方法一定会成功，但结果却失败了；而有时一些未经仔细考虑，偶然做出的事情却获得了很大的成功。总之，在过程中添些刺激才会富有乐趣。

工作就是这样。如果一直照一定的模式去做的话，任何人都会觉得索然无味。那么，如何在员工的工作中添加刺激呢？首先，管理者必须准许下属尝试错误。有些管理者过于谨慎，唯恐出错，从而无法放手让下属做事，总是一再地做各种指示，使下属不能自由地发挥能力。这样，只注重事情的成败而不管下属的兴趣，下属当然就不可能干劲十足。

要给下属刺激，就要分派稍微超过其能力水准的、具有挑战性的工作。同时，也要彻底纠正新进人员或女性没什么大作用的想法。因为，问题的关键在于管理者能不能掌握要诀，适当地分派稍微超过下属能力的工作给下属。

一个人获得一份超过自己能力的工作时，就会心存感激，为了回报知遇之恩，就会产生工作意愿。管理者给下属有挑战性的工作，就是表示信赖员工；如果只给下属符合其能力或低于其能力的工作，下属就会认为没有得到信赖。

所以，要给下属有挑战性的工作，激发其工作热情。在这种工作热情的作用下，下属的潜力会得以发挥，工作自然就会进步。

## 人人都需要激励，激励有利于成长

　　人一生的成长少不了激励的作用，这种激励包括他人激励和自我激励，它使人们在成长的过程中不断地满足自己。 人和动物的条件反射就是在激励之下培养出来的，能够满足自己的愿望和需要的，他就努力去做；不能够满足自己需要的，就不会去做。 人总是根据自己的需要去选择自己的行为，这一心理特征就是激励的本质特性。 假如人没有任何需求，或者人不是根据自己的需要去选择行为，而是盲目地采取行动，激励就不可能起作用。

　　人的成长过程无不伴随着激励。 在幼儿时期，父母就以激励的方式协助孩子成长：孩子做对了就对他笑，孩子做错了就对他使脸色。 这种最简单的奖对罚错的激励方式，使孩子慢慢懂得哪些事情可以做，哪些事情不可以做，逐渐树立起对错观念。

　　每个人时时处处都会受到他人激励或自我激励。 有了激励，在生活上会产生赶超别人的愿望；在学习上会产生奋发向上的勇气；在环境的压力下会促使自己更加努力地工作。 为了满足自己的愿望和需要，人们的工作和生活中少不了激励。

　　人们总是希望过得一天比一天好，希望自己比别人好，总是给自己设定一些目标，并朝着这些目标努力奋斗。 这些目标实现以后，他们又会设定新的目标，然后再向新目标努力奋斗。 人的一生就是一个不断设置目标，实现目标，再设目标，再实现目标的循环往复的上升过程。 在这一过程中，他人激励和自我激励都是不可缺少的，它们使人们在成长的过程中不断地满足自己。

每个人对工作的态度和要求是不一样的。 有的人希望少付出，多获取；有的人对精神奖励，如自尊、地位、威望、称赞、成就感等要求较高；有的人对物质补偿，如奖品、薪水、福利、休假等要求较高。 而激励的因子可以影响人的行为，支配人的行动，诱导人们前进。 智慧用人的一项重要工作，就是采用激励方法，满足人才的合理要求，使其将潜在的、巨大的内驱力释放出来，为实现目标努力奋斗。

激励的核心问题是动机是否被激发，所以激励又可称为动机激发。 通常，人们的动机被激发得越强烈，激励的程度就越高，工作也就越努力。

第四章

正确管理和使用有特点的员工

## 如何管理固执己见的员工

在工作中，有的员工固执己见，不容易被说服，往往使管理者感到很被动。面对这样的员工，管理者千万不要束手无策，日本企业巨子堤义明管理固执己见的员工的办法就很值得管理者借鉴。

在刚刚接替父亲职位当上公司的总裁时，堤义明遇到了父亲的一位老部下川本。川本在几十年的打拼中，变得越来越不服输，但又非常固执己见，一旦作出什么决策，任何人也改变不了。川本的固执己见往往让公司在做出一些举措时感到为难。堤义明了解了这些情况以后，每当公司要作什么重大决策，首先就去向川本诚问，征求他的意见，让川本说出自己的看法，并赞扬他好的意见，然后委婉地与川本协商有待商榷的问题，同时站在川本的立场上，努力去理解他。这样一来，川本自觉地收敛了固执己见的毛病。

固执己见的员工，一般不指望管理者去了解他们的努力。对他们来说，参加谈话等于是又一次争论和发牢骚，而且他们很少能遇见知音。对于这种情况，管理者要坦诚地向他们提出问题，比如说："你对那个问题感觉如何？那件事发生时你是怎样做的？你对今天上午的会议怎样看？"通过提问，鼓动员工抒发他们的感受。在他们回答问题时，不要急着去评判自己所听到的，要注意倾听他们的看法、成见或担忧，努力地站在他们的角度并分担他们的忧虑。这样做了以后，他们就会乐意地听从管理者的观点与看法。当然，堤义明的这种管理方法只是管理固执己见的员工的方法中的一种，要想管理好固执己见的员工，不给自己添乱子，管理者还可以试试以下办法。

### 1. 让对方一开始就说"是"

当员工说出"不"字后，往往就不好再反悔，自尊心有可能使他顽固地坚持下去，即使他以后也许会认为是愚蠢的，但此时会把"不"字看得至高无上，并加以捍卫。相反，如果一开始没人惹怒他，使他虚心接受意见，就没有必要为自己进行任何防卫。因此，管理者在劝说固执己见员工的时候，就应该尽量不要让他把"不"字说出口，而要尽可能启发对方说"是"。这就要求管理者首先应避开矛盾的分歧，先求同存异，从双方同意的问题入手，使劝说一开始就充满愉快的气氛。而且可在谈话中指出一些双方都相信的事实或渴望得到圆满解决的问题，然后再介绍所掌握的有关这些问题的确凿证据，使员工有意无意地产生顺从的心理，最终接受自己的思想和观点。

### 2. 幽默婉转地教育员工

某青年员工因工资未上调，气势汹汹地闯到总经理办公室，大叫大嚷。总经理一声不吭，等他说完后，总经理说："你知道你的工资未上调的原因吗？"青年员工说："不就是玩麻将吗？

有什么大不了的?"总经理语重心长地说:"我不反对青年人玩,但是要玩得正当、有意义。上月发工资的那天晚上,你把一个月的薪水都输光了,你妻子哭着来找我,让我劝劝你。之所以没给你调工资,是希望你能从中吸取教训。赌博这玩意弄不好可就门神店失火——人财两空,那时,公司可担当不起呀!"他听了总经理的话后,没话了。总经理拍拍他的肩膀,说:"好好干吧,今年的奖励升级我可等着你呢!"对于这类不容易改变观点的员工,管理者可以巧用歇后语来缓解抵触心理,幽默婉转地教育他,从而使他轻松地接受自己的观点。

### 3. 利用逆反心理

在改变员工的态度时,管理者可以根据逆反心理,把某种劝说信息以不宜泄露的方式让员工获悉,或以不愿让更多人知道的方式出现,就有可能使员工更加重视这一信息,并毫不怀疑地接受。

### 4. 善于制造悬念

人在固执时其心理往往处于一种紧张封闭状态。这时直言相劝恐怕会碰钉子,而巧妙地制造悬念,通过悬念吊对方的胃口,松弛对方的紧张抗拒情绪,转移他们的注意力,激发好奇心,然后再进行劝说,则比较容易达到劝说的目的。

### 5. 找准员工的心理弱点

就像每个物体都有自己的关键支点一样,每个员工也都有自己的心理弱点。要想说服那些固执己见的员工,需要了解他们的心理,找出他们的心理弱点,并使用语言或行动来攻击这个心理弱点，这样才能达到说服他们的目的。

6. 归谬正误法

对于固执己见的员工，管理者可采用归谬正误法，先把员工的歪理或所用的手段假定为是对的，然后根据他的观点来推理或引申，推导出更为荒谬的结论来回敬员工。这种方法如果运用得当，往往能收到意想不到的效果。

7. 赞扬员工的"闪光点"

在对付固执己见的员工时，要善于发现他们的"闪光点"。通过敏锐的洞察力，发现员工的"闪光点"，并从理解的角度真诚地赞美员工，这也会使员工更加乐意接受管理者的意见和观点。

总之，管理者只要用正确的心态认识和把握固执己见的员工，针对不同差别的员工分别采取以上不同的办法，就一定能让他们接受正确的观点和建议。

## 如何管理自私自利的员工

在管理者心里，都希望部门内所有人都能够通力合作，在别人需要帮助的时候提供有效的帮助。可是部门内确实存在着这么一些自私自利的人，他们以自我为中心，不顾及别人，稍微感觉不如意，就与人反目成仇。这种人心中只有自己，凡事都将自己的利益摆在前面，从不肯有所牺牲。他们平时似乎与每个人都相处得不错，但一到了别人需要帮助的时候，就跑得无影无踪了。这种人是企业人际关系网中的薄弱环节，一旦企业出现危机，他们一定是"大难来临各自飞"，走得一干二净。

对于这种人来说，帮助别人或许并不是他们所深恶痛绝的，只是在他们的心里对一些小事的得失看得过于严重，或是他们只对个人岗位职责感兴趣，而职责以外的事情似乎与他们无关。也就是说，这种员工天生就有一种斤斤计较的性格，这种性格正是他们自私自利的外在表现。

自私自利的人也常常有他们的特点——精打细算。如果管理者能够通过适当的方式，将他们这种特点加以升华，运用到某些比较合适的地方，也可以发挥其优势。例如，让这种自私自利的人干一些财务工作，在有严格约束的情况下，他们往往会成为集体的"守财奴"。这样，岂不是一件好事吗？

改变一个自私自利的人的确不是件易事，而爱尔乐公司的管理者的做法却能给管理者一些启示。

张浩是爱尔乐公司的一名焊接工人，也是该公司的焊接能手，但是一遇到事情总是不愿意干。他的个人要求总是最多，当别人需要帮助时却像没看见一样，从不肯伸出援助之手。张浩的主管针对张浩的具体问题，展开了说服教育。当张浩在工作中遇到问题时，主管总是第一个帮助张浩的人。这种带动作用使其他人也对张浩抛开成见，一起帮助张浩。张浩看到大家如此热情，不计个人利益帮助自己，很内疚。后来，张浩也主动去帮助别人，真正体会到了帮助别人和得到别人帮助的快乐，同时，也体会到了公司这个大家庭的温暖。

爱尔乐公司主管的管理是成功的。其实，在企业的管理中，不仅可以用情感动人，还可以从多方面来帮助他们改变自私自利的心态。

1. 满足员工的正当要求

在与自私自利型员工相处时，对他们的合理要求应给予满足，让他们认识到管理者决不会故意为难他们，只要是应该办的事情都会给他们办理。同时，对于这类员工提出的一些不合理要求，应委婉地将不能办理的原因告诉他们，并运用巧妙的方法暗示他们不要贪得无厌。

2. 以身作则

对于自私自利型的员工，管理者要以身作则，最好能和他们一起完成任务。在别人推三阻四、争执不下的时候站出来，勇敢地接下工作。同时告诉他们，自己不希望在以后的工作中再看到类似的事情发生。同时，还可以在此时此地说出一些能打动人心的话，让那些相互推诿的员工有种内疚感，以此给公司的人际关系带来一股正气，创造一种有利于开展工作的良好氛围。

3. 办事公平

企业的管理者在制订一切计划，安排利益分配方案时，应充分发挥员工的民主监督作用，将计划等公布于众，让员工心里感觉平衡。 管理者实行阳光操作，这样可以避免与此类员工纠缠不休。

### 4. 晓以利害

对于自私自利的员工应晓以利害，告诉他们占小便宜吃大亏的弊害。 通过教育引导，告诉他们在个人利益与集体利益发生冲突时，应以集体利益为主，并努力培养他们的主人翁意识。

### 5. 让集体来帮助他

管理者应有意创造一种环境，让那些平常不愿意帮助他人的员工感受一下缺少别人帮助是何滋味，渴望别人帮助又是何滋味，得到别人的帮助感觉如何，以行动代替语言来影响他们。

### 6. 鼓励热心行动

管理者可以在员工的奖金中设立一些额外的补助项目，用于鼓励那些乐于助人的员工，或是在职工大会上予以表扬，甚至可以在他帮助别人而忙得焦头烂额的时候，留下来陪他一起处理问题。

管理者只有改变自私自利员工的行为，并在日常的工作中注意帮助其改变自私心态，才能让他们投入到亲密友好的组织生活中来。

# 如何管理争强好胜的员工

在团队中，有些争胜逞强的员工，他们的自尊心强，不甘落后，什么事都想做到尽善尽美，而且喜欢自我表现。由于受虚荣心的驱使，他们做事往往急于求成并妄自尊大，缺乏整体观念，经常给公司工作带来不必要的麻烦。这类员工凡事爱争强好胜，所以周围的人都成了他们竞争的对象。因此，他们根本没有知音可言。有时候，他们的本意也并不坏，只是一遇机会就吹嘘夸大、炫耀自己，所以有意无意中会伤害别人，因此人缘极坏。

他们外表显示出的气质太强，但他们的内心却是非常柔弱的，他们很容易被美好的言辞说服，很容易相信一位名人的言论，而且更容易卷进流行的风潮里。争强好胜有它积极的一面：凡事不肯服输，不甘落后，总想争一流，总想干出点样子来等。但争强好胜的性格也有消极的一面：易于走向极端，可能因过于紧张而累垮自己，可能给家庭的稳定带来消极影响，可能妨碍他人卓有成效的工作等。对待争强好胜者，不能以同样的咄咄逼人的态度，不能以其人之道还治其人之身，而应该一方面从正面引导他们，肯定他们积极的一面，并为他们创造条件，让他们充分发挥自己的才能，从而促使企业发展，给社会创造财富；另一方面，找准适当的机会，指出其消极的影响，以帮助他们克服自身的缺陷，从而不断走向完善。不过，管理者应该看到，争胜逞强的人当中，有属于性格使然者，也有属于社会化不够的不谙世故者。后者常常是年轻人。对于他们，更多的应该是正面的引导和点拨，开拓其眼界，增长其见识，这类人一旦成熟，一旦对社会有了初步认识，便会改变过去那种争强好胜的态度。具体来讲，管理者可以从以下几点来对争强好胜的员工进行管理。

### 1. 用人不疑

管理者对于争强好胜的员工，要做到用人不疑。这是因为这类员工自尊心强，如果对他们过分苛刻，横挑鼻子竖挑眼，则会惹恼他们，甚至会使他们当面与自己作对。如果管理者想用他们，但又怀疑其能力而不敢用，则会伤害他们的自尊心，不利于与他们相处，也不利于他们作用的发挥。日本电机公司的情报科科长土原就是这样一个争强好胜的人。他为人做事争强好胜，在任何事情上都爱表现自我并妄自尊大。有一次，土原不顾众多员工的劝阻，向上司提供了错误的市场信息，以致企业领导作出错误的决策，使企业蒙受了重大的损失。对于这样的严重错误，总经理考虑到：虽然土原爱争强好胜，但他自尊心强，不甘落后，如果给予他充分的信任，做到用人不疑，他一定会引以为戒，努力工作。于是，总经理把土原找来，只告诉他要对这次错误做处理，但土原该怎样干工作还要怎样干，领导不会因为一次失误就不再信任他，而是一如既往地信任他。以后一段时间内，土原为了挽回损失，一直兢兢业业，并虚心听取其他员工的意见，不再争强好胜，多次为企业提供了很有价值的信息，为企业的正确决策做出了重要贡献。正是由于日本电机公司总经理的用人不疑，才很好地纠正了土原争强好胜的做法。

## 2. 学会放权

管理者要给这类员工创造发挥才能的机会和环境，放手让他们去干。本该员工做的事情，就应该放手让员工去干，如果管理者一人独揽，不仅自己劳累，还会使员工有劲用不上或者有力不愿使。

## 3. 给予表现的机会

争强好胜的员工总是希望别人能够了解自己的能力。当他们的能力被埋没或者成为别人的陪衬时，往往就会心理失衡。为得到这类员工的尊重和认可，管理者应该把立功扬名的机会尽可能地让给他们，充分满足他们的心理需要。

## 4. 赞扬与批评相结合

争强好胜的员工往往凭主观臆断办事，遇到困难或委屈也不善言辞，更不愿自己在同行或熟人面前露丑。因此，管理者对这类员工遇到困难或委屈时，应予以关心和引导，对他们的成绩应在大众场合进行表扬，对差错应在私下予以批评指正。对他们做到既不放任自流、撒手不管，又不过分批评。

总之，对于争强好胜的员工，管理者只要注意照顾到他们的"面子"和心理感受，最终会赢得他们的尊重和信赖。

# 如何管理性情急躁的员工

　　心理学将人的气质分为四种类型：多血质、黏液质、抑郁质、胆汁质。性情暴躁、好冲动、点火即着、不考虑后果、行动如疾风暴雨的人物即胆汁质类型的人。这种气质类型的人如果缺乏文化修养，或存在反社会行为，其蛮横无理、蔑视权威、有恃无恐等习性就会对企业的管理构成较大的威胁。

　　性情急躁的人常常表现为蛮横无理，有时也会被人利用而起到一种不好的作用。但是，这种人也有优点，比较直率，肚子里有什么，也都表现出来，不会搞阴谋诡计，也不会背后算计人。他对某人有意见，也就会直截了当地提出来。而且，这种人一般比较重义气，重感情，只要你平时对他好，尊敬他，视之为朋友，他会加倍报答你，并维护你的利益。所以，对这种员工不一定非要那么客套或讲什么大道理，你只要以诚相待，他必定以心相对。针对性情急躁的员工的特点，管理者可以从以下几点入手来管理。

　　1. 以诚相待

　　这类员工虽然性情急躁，但一般比较重义气，重感情，心里藏不住事，不会搞阴谋诡计，也不会背后算计人，而且喜欢听奉承话、好话。针对这种情况，管理者要以诚相待，多采用正面的方式实事求是地夸奖他几句。必要时，以朋友的身份尊敬他。虽然不一定非要那么客套，或讲什么大道理，但只要以诚相待，他必定以心相对，并加倍报答，维护管理者的面子和威信。

### 2. 以柔克刚

碰到性情急躁的员工的冒犯，管理者可严肃对待，但一定要保持冷静的头脑。在他们越是急躁、越是紧张的时候，管理者就越是要镇定、温和，可以对他们暂时置之不理，以柔克刚，绵里藏针，有时瞪他一眼就够了，有时一笑了之。这样做，可以使管理者超然物外，避免与其发生争吵。事情过后，性情急躁的员工一旦冷静下来，一定会反省自己的错误。

### 3. 耐心说服对方

碰到性情急躁的员工，如果管理者也跟着急躁，急躁者碰到急躁者，那就很容易使事态扩大。因此，管理者一定要压住自己的火气，仔细、轻言细语地说服对方，也可以讲事实摆道理，消除对方的误会。采用和风细雨的方式，耐心说服对方，虽然看起来管理者处于下风，但这种方法却是对付性情急躁的员工的一种非常有效实用的方法。

### 4. 开阔胸怀

管理者如果能有宽阔的胸怀，那么，对员工的态度，就不会那么计较，对自己的行为就敢于承担责任。管理者有温和的态度，有宽广的胸怀，有宽宏的度量，在员工发火时，自己不还口，就会使本来火气正旺的一方火气锐减，自讨没趣，放弃争吵。"宰相肚里能撑船"，豁达大度地对待性情急躁的员工，一定能使他们自惭形秽，从而主动地服从自己的领导。

5. 察言观色

注意揣摩性情急躁的员工的心理状态，也是与他们和平相处、管好他们的一个方法。那些性情急躁的员工，一旦碰到不如意的事，或是看到工作进展缓慢的员工，就会不分青红皂白地发泄一通，这时，管理者要迁就一下。当然，这也要求管理者学会察言观色，发觉他们有发脾气的迹象时，最好暂时避开，等到他们心情缓和时，再跟他们谈论问题，这时，他们一定会心情愉快地接受建议。

总之，对于性情急躁的员工，一定要以柔克刚、察言观色，不计较他们的冒犯，耐心地进行说服。只有这样，才会取得这类员工的尊重与信任，从而做好管理工作。


# 如何管理优柔寡断的员工


优柔寡断，实在是一个致命的弱点，有这种弱点的员工，从来不是有毅力的人。优柔寡断足可以破坏一个人的自信心和判断力，从而直接导致工作的失败。

果断决策的能力，与一个人的才能有着密切的关系。

曾经有一个美国某大学的业务员前去拜访一位房地

产商人，想把《推销与商业管理》课程介绍给这位房地产商人。这位业务员到达房地产商人的办公室时，发现他正在一台古老的打字机上打着一封信。这位业务员自我介绍后，开始介绍推销的这个课程，那位房地产商人显然听得津津有味，然而听完之后却迟迟不表态是否参加。这位业务员只好单刀直入地说："您想参加这个课程是吗？"而这位房地产商人却无精打采地回答："其实，我也不知道是否参加。"

他说的是实话，因为像他这样难以迅速作出决定的优柔寡断的人有很多。但这位对人性有着透彻了解的业务员站起身来，准备离开，他采用了一种有点刺激的语气说道："我决定向您说一些您不喜欢听的话，但这些话可能对您很有帮助。先看看您工作的办公室，地板脏得吓人，墙壁上全是灰尘。您现在使用的打字机看起来好像是从博物馆借来的，您的眼光告诉我您没有自信，已经被打败了。现在我告诉您为什么会失败，那是因为您优柔寡断，没有作出一项决定的能力，您失去了进取心，在您的生活中，一直养成这种坏习惯，无法对影响到您生活的所有事情作出明确的决定。我的批评也许伤害了您，但我可以扶您一把，只要您愿意原谅我刚才所说过的话。"听完这番话后，房地产商人呆坐在椅子上，眼睛因惊讶而膨胀，最后努力地站起来和这位业务员握手，满怀感激地表示接受他的劝告。三年后，这位不再优柔寡断的房地产商人开了一家大规模的公司，成为当地最成功的房地产商人之一。

可见，管理优柔寡断的员工并不是件易事，应该着重从哪些方面入手才好呢？ 管理者可以参考以下方面。

1. 要有耐心

优柔寡断的员工遇事犹豫不决，前怕狼，后怕虎，对什么事都拿不定主意。 他们最怕领导逼迫，如果领导逼得过急，给他们施加压力，态度强硬的话，得到的结果一定适得其反。因此，对待优柔寡断的员工，管理者要有耐心，要和风细雨地与他们慢慢接触，反复权衡利弊后，再给他们分配任务。 在此期间，管理者不可急于求成，要优柔寡断的员工立即雷厉风行地执行任务是不现实的。 你需要的是要有足够的耐心，在适当的时候提醒他们一下就可以了。

2. 力求自然

这类员工一般心细、谨慎，在工作中会一丝不苟地遵守公司的规章制度，而不会越雷池半步；有时又会出奇固执，不会随便附和领导的意见，严重者会与管理者产生对抗情绪。 对待这样的员工，一定不能性急，而应力求自然，待到他们没有压力，能够接受自己，不刻意与自己作对的时候，管理者就赢得了成功。

3. 仔细思考

优柔寡断的员工的优点是能够在变中求稳，考虑问题细致，不鲁莽。 针对这种情况，管理者在向他们分配任务时，一定要仔细推敲自己的方案，确认方案没有漏洞，有很强的实践性，不会有很大的变动，也不会造成不良的后果时，再向他们提出来。 这样，他们就易于接受，而不会犹豫不决。

### 4.争取到他们的明确承诺

一些优柔寡断的员工经常出尔反尔，刚刚承诺过的事情，翻脸就不认账，而且经常会把责任推给领导，使领导在工作中处于被动。 对待这类员工的一个有效的办法就是争取得到他们在公众面前的承诺。 因为在众人面前承诺之后，他们就得反复考虑，掂量利害得失，顾及自己的面子，不能失信于众是人的心理底线。 采取这种办法就可以堵住他们的嘴巴，从而使他们不能出尔反尔。

### 5.多鼓励

有的员工之所以优柔寡断，往往是因为缺乏自信心，有强烈的自卑感，看待任何事情都带有悲观的情绪。 针对这种情况，管理者就要在他们犹豫不决的时候鼓励他们，消除他们的疑虑，促使他们快刀斩乱麻，迅速作出判断。

总之，对于优柔寡断的员工，管理者要多鼓励他们，在给他们分配任务的时候，要慎重考虑，让他们消除疑虑。 做好了这些，也就不难管理他们了。

## 如何对待平庸的员工

一个企业当中，不可能人人优秀，绝大部分员工既称不上是让你骄傲的得力助手，又非令你头疼的"问题户"。他们的水平实际上都差不太多，而人数却是公司中最多的。对于这些人的作用，管理者是不应该忽视的。部门中也是这样，成绩居中、水平能力相差无几的员工构成了部门的主体。无视他们的重要性，不能管理好这些为数众多的"中间阶层"，对管理者来说绝对是不能算作成功的。

张伟就是这样一个"中间地带"的员工，他是一家公司的市场分析员，主要从事公司产品在市场上的定位分析工作。张伟在公司干了很长时间，但总体看来，他的能力好像不怎么强，虽然他很努力工作，但成绩却总是不尽如人意，同事们看轻他，他自己也不看好自己。张伟的主管根据张伟的具体情况，首先针对张伟的自信不足展开了工作。主管帮助他消除了他的自卑感，给予必要、及时的鼓励，并在工作中给他布置一些难度稍低的任务，同时加强对他的指导，使他出一些成绩，以培养他的自信心。即使他犯了错误，也不当着众人的面损伤他的面子，打击他的自信心。经过这些措施，张伟的工作业绩得到了很大的提升。

可见，管理平庸员工就是要让他们提高。那如何帮助他们提高呢？管理者可以从以下几方面入手。

### 1.给予应有的重视

由于他们是公司中、部门中最不引人注目的团体，所以他们心中也会产生一点点自卑或不平。自卑使能力大大地受到局限，其实，除了少数"尖子"以外，其余一般人的能力相差并不悬殊。如果能使他们增强信心，消除压抑能力的自卑感，他们甚至可以取得与"尖子"一样的成果。这同体育比赛差不多，如果见对方占了优势，便心慌气馁，势必打不出水平，越比越输；如果能增强信心，重整旗鼓，发挥全部力量努力拼搏，则不但可以扭转败局，而且可以压倒对方，转败为胜。所以，管理者要亲近这种人，同他们交谈，列举他们的优点和成绩，证明他们并不比别人差多少，也一样可以干得漂亮些，使他们恢复与他人等同的思想意识，从而激起他们的上进心和自信心。

这一点说来容易，可落实到实际工作中又是十分有学问的。管理者可以表现为十分重视他们的意见，对一些反馈的信息，及时地在部门会议上进行讨论，也可以与他们直接地进行讨论，明确表示他们的意见有何不妥之处，还可以表现为行动上的重视。无视员工向管理者表示尊敬的示意是十分愚蠢的行为，又是人格低下的表现。即使管理者赶着去开会或是与客户交涉，也不要对员工们熟视无睹。一个点头，一个微笑，甚至一个眼神，都可能成为管理者与员工之间传递感情的纽带。

## 2. 加强指导和沟通

基于这类员工对自身缺乏信心这一原因，管理者还应当准备多花些精力协同他们工作。给这些人布置工作，要更明确、具体一些，不仅交任务，而且交途径、交方法。在其完成任务的过程中，管理者要加强指导，帮助他们克服困难，排除障碍，使之不断增加经验，满怀信心地发挥自己的才干。但需要指出的是，管理者不能手把手地教他们一辈子，必须在提高他们自身能力上下功夫。也就是说，帮助能力低的人，最好的办法不是"喂"他们，而是要想办法使他们多动脑筋，"自己飞起来"。

## 3. 不要损伤他们的自尊心

任何一个人都十分重视自己的脸面，特别是这些本身就存在自卑感的员工，他们对伤害自己自尊的言行更加敏感，自尊心更强。所以，作为管理者，你在对这类员工的日常管理中，要特别注意自己的言行，不要损伤他们的自尊心。譬如，在分配工作时，不但要考虑如何使他们完成任务，而且要采取能使他们脸上有光的奖励办法。需要批评时，也不要伤害他们的感情和人格，把人羞辱得无地自容，那样容易使他们产生敌对心理，或从此自暴自弃，破罐破摔。正如美国成人教育专家戴尔·卡耐基所说："我们常常无情地剥掉了别人的面子，伤害了别人的自尊心，抹杀了别人的感情，却又自以为是。我们在他人面前呵斥一个小孩或下属，找差错，挑毛病，甚至进行粗暴的威胁，却很少去考虑人家的自尊心。其实，只要冷静地思考一两分钟，说一两句体谅的话，对别人的态度宽容一些，就可以减少对别人的伤害。事情的结果也就大大不同。"

### 4. 设计环境助他们做出成绩

从管理者的角度来说，这项工作可能费时费力，毕竟一个计划从设计到实施是一个需耗费大量时间和精力的过程。但正是这样，管理者的热心扶持往往给员工以深刻的影响，这一点对管理是非常有利的。虽然大多数员工不可能成为出类拔萃的人才，但每个人都会有发展自己的希望，而且每个人也都理应得到自我发展的机会。为他们准备一些个人发展计划，可以让他们感到公司真的十分需要他们，并愿意长久地雇用他们。如果管理者认为工作过于烦琐，可以将员工们分批分组来制订和实现这些计划。同时，不要忘记建立一份档案，定期地做一些总结工作，这种做法会让员工们因看到自己的进步而更加感激管理者。

另外，在计划实施过程中，为了培养他们的热情，管理者可以运用一些小小的技巧。譬如说，为了让他们干出成绩，以保持其信心，管理者可以找一些相对比较容易的工作让他们干，出了成绩，哪怕是小小的成绩，立即表扬、鼓励，让他们从自己的成功中看到希望，增强信心。

### 5. 提供有利的工作环境

工作环境是影响员工工作热情、特长发挥等各个方面良好表现的一个重要因素。平庸的员工中，很可能有一些是因为之前没有干好，周围的人对他难免有看法，而其本身难以迅速扭转局面；有的人是因为工作岗位有碍于发挥他的专长，久久出不了成绩。对于这样的职工，可以考虑给他调换一下工作岗位，给他换一个新的环境，便于他重打鼓，另开张。事实证明，这也是一个有效的办法。

### 6. 必要时给点压力

在有些情况下，给平庸的下属一点压力是必要的、有益的。就像田径运动员在激烈竞争的压力下很可能比平时发挥得更好；演员面对观众进行演出，往往也比在排练大厅里表演得更出色。对于能力低的人，管理者给他们"开小灶"帮助他们提高是必要的。特别是当他们的能力有了一定提高之后，要时常给点压力，或是用语言"点"一下，或是用别人的事例"激"一下，或是在工作上适当"加点码"，使他们把压力转化为内在动力，这样比单纯的"保护"提高得更快。

## 如何对待好好先生型员工

东汉司马徽从来不谈论别人的缺点，与人交谈无论好事坏事，一概说好。有人问他："近来身体如何？"他回答："好。"有人向他诉说近来刚刚死了儿子，他回答说："很好。"他的妻子责备他："别人以为你品德好，所以把伤心的事儿告诉你。你为什么听见别人死了儿子，反而说好？"司马徽听了说："像你这样的意见，也很好！"

对历史上的司马徽如何评价，姑且不论。从这个故事里，却可真切地看出司马徽是一个十足圆滑世故的"好好先生"。在企业中，这样的"好人"很多，但是这样的员工却未必是一个好员工。作为企业的一员，本身就是一种责任。但这种"好好先生"只会一味迎合管理者的意思，只顾自己明哲保身，不求有功，但求无过，从来不肯得罪人，当然也不愿意担什么责任与风险。在企业中，如果这种"好好先生"越多，则企业的进步越慢。汤姆就是这样的一个员工。他是一个电子公司的业务员，从不对自己的主管说一个"不"字。主管布置的任务，汤姆总是不加迟疑地满口应承下来："我保证会完成任务，我要让你成为各部门经理中最为风光的一位。"但是结果却是没有一次圆满地完成任务。每到月末，汤姆只能完成规定任务的70%。对于这位好好先生型员工，他的主管进行了开诚布公的沟通与谈话："汤姆，我给你的任务是不是太重了？如果是，你可以直接提出来，而且我很高兴能听到你的意见，你知道，我很重视你的意见。"汤姆这才敢说出自己的心里话，任务量超出了自己的业务水平，是否可以酌减。经过主管与汤姆的协商，终于定出合理的任务量。汤姆的干劲也足了，不再因为完不成任务而没精打采，更加自信地去完成任务，每月的业绩直线上升。看来，管理好这样的好好先生，可以调动其最大的积极性，从而为企业创造出更多的价值。那么，在工作中，管理者如果遇到这样的员工，不妨采取以下方法来试试。

## 1. 与之坦诚相见

好好先生总是笑容可掬，说话和善，而似乎最为可贵的是，他们总是有求必应。但事实上是由于他们不愿去得罪别人，所以才总是去附和。因此，经常掩饰自己的真实想法，而不能与人坦诚相见。对此，管理者要向他们表明坦诚相见并不会冒犯自己。 在面对一个问题时，直截了当地去征求他们真实的意见。 在这样做的时候，尤其需要加上几句诚挚的话，诸如"我很想了解你的看法，因为我珍视我们之间的关系"。 这样做，会使好好先生放宽心，觉得没有必要再闪烁其词。 更为重要的是，如果管理者向那些满口应承别人的员工表明，他们的直率意见并不会引起管理者的不快，等于是鼓励他们讲实话，他们就不会再去揣摩管理者的心理，一味地迎合管理者。

### 2. 增进沟通与了解

对于好好先生，一般的管理者感到很为难，有的干脆对他们敬而远之，其实这会助长他们的坏习惯，而对工作有百害而无一利。 因此，管理者要在可能的范围内，与他们拉拉私情，让他们把可能妨碍双方交流的想法告诉自己，看看还有哪些地方有待改进。 当管理者突破角色限制，向对方表示友好，希望与对方真心实意地交朋友时，他们也就会放心大胆、直截了当地和管理者讨论问题。 但是，在采用这个办法时需要注意的是，如果自己对他们并不真正感兴趣，就不要假装。 因为他们是辨识作假的行家，对于发现别人是否作假特别敏感。 如果与他们拉私情是出于无奈，或为了掩饰愤怒，最终得到的就是好好先生更多的不切实际的承诺。

### 3. 适当妥协

好好先生总挑别人喜欢的话说，而不管自己有没有可能去实现承诺，最终会使管理者大失所望，从而面临双方公开发生冲突的局面。 面对这种情况，管理者要想以最为有利的方式去解决问题，就要在可能的条件下，在卷入冲突时，就做好谈判和妥协的准备。由于好好先生最担心可能失去别人对自己的好感，因此特别偏爱所谓的双方都有所得的解决方案，这种方案就是通过妥协和谈判而作出的双赢决定。"你将得到你所希望得到的部分，我也一样，我们双方皆大欢喜。"如果管理者认为自己是正确的一方，真理掌握在自己的手里，不愿作出让步，那只会加剧紧张状态，不利于冲突的解决。因此，在适当的时候，准备好作出妥协，会使双方的紧张状态得到缓和，从而有利于工作的顺利开展。

### 4. 分辨对方幽默话中的弦外之音

好好先生经常以幽默来使交流变得轻松。他们频繁地使用幽默，是因为害怕自己说出真相使别人失望。因此，就把幽默当作苦药外面的糖衣，把它作为一种既能说出事实真相，又不冒犯他人的方法来加以运用。对于好好先生这样的幽默话，管理者要注意分辨他们的弦外之音，搞清楚他们的讥讽和打趣话中的隐含信息，弄清楚话中的真实意图，从而采取不同的对策，有的放矢地管理他们。

总之，对于好好先生型员工，管理者绝不能敬而远之，而应该和他们多交流感情，积极鼓励，从而提高好好先生型员工的工作效率，为企业创造出更多的价值。

# 如何管理懒散员工

在许多企业中，有些员工总是得过且过，懒散懈怠，人浮于事，办事效率低下。他们对任务完成的情况漠不关心，经常迟到早退，是企业中的问题员工。管理者要想管理好这些员工，有效地开展工作，需要采取以下措施。

## 1.定岗位

为避免员工之间的相互扯皮、互相推诿，调动员工的工作积极性，管理者需要大刀阔斧地推行人事制度改革，根据实际设置工作岗位，因事设岗，因岗择人，"一个萝卜一个坑"，做到岗岗不虚设，人人有事干。要在深入调查研究、广泛征求意见的基础上设置工作岗位。要总揽全局，科学设置，统筹兼顾，立足长远。

## 2.明职责

俗话说，"没有规矩，不成方圆"。制度可以激发人的潜力、创造力、活力，激发学习的积极性，从而提高人的能力。在科学设置工作岗位的基础上，要因岗定人，因岗定责，责任到人。工作职责要力求明晰、细化、量化，工作目标、任务、要求、考核、奖惩等要一目了然，要有指向性、针对性，使员工的工作范围、内容、完成工作时间和质量要求等有章可循。

### 3. 勤监督

管理者要想"医治"员工的懒散作风，不能用"秋后算账"的办法，这样往往无法扭转已经犯下的许多差错。最好的办法是对他们实行跟踪管理，随机管理，做到警钟长鸣，勤于监督。通过监督，及时发现员工各个工作环节中的成绩和差错。对于表现好的员工要予以肯定，及时通报表扬，并给予适当奖励；对于犯错误的员工要及时提醒，进行善意的帮助，以改进工作，避免出现重大失误，让员工真正体会到管理者的关心和爱护。让他们放下包袱，心情舒畅，创造性地开展工作。

### 4. 重奖罚

管理者要不折不扣地执行奖勤罚懒的制度，做到一诺千金，坚决兑现，决不敷衍了事。在奖罚时，可通过评选先进、岗位调整、职务晋升、奖金分配、晋级加薪、休假疗养等诸多方面进行体现，论功行赏，视过施罚，奖罚分明。为严把奖勤罚懒关，不出偏差，要求管理者做到：一是要建立、健全科学的考核评估机制，坚持实事求是，让员工心服口服；二是对少数懒散懈怠员工要根据"惩前毖后，治病救人，循序渐进，循循善诱"的原则，做好引导工作；三是要善于总结经验教训，不断对考核评估机制进行完善，以减少偏差，尽量做到科学、公正、合理。

在做好监督的同时，管理者要以身作则，用高尚的人格力量感染员工，并为员工营造良好的公司氛围，用行政手段约束员工，用激励机制激励员工。

通过定岗位、明职责、勤监督、重奖罚的办法，相信可以使许多懒散员工得到很大的转变。管理者在做上述工作时，有一点一定要注意：在每项工作的实施过程中，要做到公平、合理，才能让所有员工心服口服。

## 如何管理倚老卖老的员工

　　倚老卖老的员工往往太过于相信自己曾经的工作经验，而忽视不同事物的客观性。　虽然经验的价值是不可否认的，这也是我们为什么常常会希望任用有经验的工程师、技术人员的原因。　同时，经验也代表一种自信，过去一些小成就的累积，使得人们在面对新的事物时，不会有陌生的慌张，而可以举一反三，将过去的知识套用在这个事物上，看能否产生效用。　但这是有局限性的，经验在某一个领域有用，不代表在另外一个领域也有用；在某一段时间内有效，不代表对未来也都有效。　事实上，有很多经验一直到后来才被验证出来是错误的。　所以，当经验受到挑战与质疑的时候，许多人会本能性地反击，在没有办法提出实证的时候，就只能用"我吃过的盐比你吃过的饭还多"这种说辞来夺理。　这是从倚老卖老的员工嘴里听到的最多的话了。　倚老卖老的员工往往过度相信自己的经验对于团队的重要性，忽略了团队中其他人对自己的反感。　当团队中有人心态老化的时候，沟通就会变得困难，接着出现同事彼此不和的现象，导致项目进展出现问题，最糟的情况是主管在分派任务的时候需要考虑到部属之间的好恶关系。　倚老卖老已经成为企业快速发展道路上的绊脚石，不及时搬走或改变心态，就会影响企业的发展。如何管理这些倚老卖老的员工呢？邵氏兄弟电影公司创办人之一邵逸夫的做法有着一定的可借鉴性。

邵逸夫在做大邵氏影业的过程中遇到了一个难题，著名导演张彻认为自己从公司创业起就跟着邵逸夫干，为公司的成长立下了汗马功劳，而且还是自己最先提出拍武侠片，捧红男影星，所有这些为公司带来了滚滚财源，因此，自己有权有资格在公司中处于特殊的地位。所以在工作上，张彻倚老卖老，对此，邵逸夫从实际出发，积极接近张彻，了解他的真实想法，对他的错误之处，也敢于批评。在张彻拍电影陷入"绯闻"之后，邵逸夫不遗余力地在电视、报纸、杂志等方面为他辟谣，帮他渡过难关。邵逸夫这样做了以后，张彻深受感动，在以后的工作中再也没有给邵逸夫出难题。

可见，管理倚老卖老的员工要有一定的方法。对倚老卖老的员工进行合理的管理，可以增强公司的凝聚力和战斗力。反之，则会牵制管理者的精力，影响决策的贯彻落实。而要驾驭好倚老卖老的员工，管理者一般应该从以下几点入手。

1. 靠近并管理

俗话说，"人上一百，形形色色"。公司中有倚老卖老的员工，是一种很正常的现象。他们大都在公司待的时间比较长，混得人人脸熟，工作上凑合应付，对任何事情都满不在乎。对上司的命令、要求、安排等往往是听归听，做归做，个别的还会变着法儿给管理者出难题，唱对台戏，甚至动不动就与管理者讨价还价，提要求。个人利益稍微受损，就撂挑子、闹意见。有时候还会因其资历较深而自然产生感召效应，影响公司其他同事的言行。对此，管理者必须以积极主动的心态，积极接近倚老卖老的员工，大胆管理。既尊敬他们，也不因为其倚老卖老，就不敢管理他们，产生"惹不起躲得起"的心理，有意疏远他们，使他们随心所欲，想干什么就干什么。

## 2. 保持适当的距离

一些员工倚老卖老，很大原因是依仗着在公司待的时间较长，上下左右的人都很熟，碍于面子，谁也不愿意拉下脸给他们难看。因此，管理者在日常工作中，要有意地与倚老卖老的员工保持一定的距离，不与他们过分接近。保持一定的距离，不与他们靠得太近，自己的威严自然而然就会显露出来，使他们不敢轻举妄动。古代君主在接见朝臣时，总是高高在上，朝臣只能远远地仰望一下君主，就是这个道理。管理者在驾驭倚老卖老的员工时，不妨借鉴一下古代君主的做法，使员工不致与自己太亲近而产生轻视的心理。

## 3. 有理有据去批评

倚老卖老的员工由于在公司时间较长，经历比较丰富，对公司的规章制度都了然于胸。因此，无论是有意给管理者出难题，还是无意中做错了事情，他们都能很好地抓住漏洞强词夺理，寻找理由为自己辩解，而且他们的辩解还轻易击不破。管理者如果不分青红皂白地对其进行批评，没有抓住其错误的要害和关键，反倒会被他们倒打一耙，那就达不到批评的效果，有时还会造成工作上的被动。 因此，管理者在对他们进行批评的时候，一定要事先对批评的方式、言辞、内容、场合等都做好准备，对其批评做到有理有据有力，这样才能达到批评的目的。

### 4. 及时培养业务骨干

倚老卖老的员工对上司有一个常用的绝招，就是给上司撂挑子，以为自己这一块业务没有人能替代，以此来进行要挟，提出不合理的要求。 对此，管理者必须在工作业务方面注意培养一些积极肯干、上进心较强的员工作为后备梯队，迅速提高他们的业务能力，在倚老卖老员工撂挑子时能随即挑起，很好地胜任。 这样，一方面有利于提高公司员工的工作水平，提高整体工作效益；另一方面又能使倚老卖老的员工不敢轻易撂挑子，使他们的绝招失去效用，达到一石二鸟的目的。

### 5. 动之以情，晓之以理

工作生活上遇到难处，是每一个人都会有的经历。 这个时候，也是最需要别人帮助的时候，倚老卖老的员工也不例外。作为管理者应有宽阔的胸怀，在他们遇到困难时，及时施以援手，帮助他们渡过难关。 倚老卖老的员工也同样讲感情，自然能体会到上司的真诚和好心，且会在以后的工作中有好的表现。

总之，对于倚老卖老的员工，管理者既要大胆接近，敢于管理，又要与他们保持一定的距离，在工作中对其难处真诚相助，做到了这些，管理这样的员工就不是件难事了。

# 如何对待有个性的员工

一般来讲，不论在任何单位，都会遇到个性强的员工，他们往往不大容易被驯服，容易与领导较劲，甚至时不时给领导制造些麻烦。例如，安达公司的李同一就是这样一个个性张扬的职员。他善于思索，对公司的很多关键决策有自己独到的见解，是一个难得的人才，但他不太喜欢与领导打交道，做事喜欢我行我素。针对李同一的性格特点，李同一的上司专门为他量身定做了管理方法。首先，管理者给他一个发挥自己能力的空间，并及时帮助、鼓励他，在合适的时候予以提拔。同时，对他工作中存在的问题及时地予以纠正，在必要的时候要谦让，但要在不违反原则的前提下。另外，对他提出的合理要求要给予满足。经过有针对性的管理，李同一的积极性被最大限度地调动起来。那么，在现实管理工作中，管理者具体应该如何做呢？

1. 把握个性，给有个性员工一定的空间

一般来讲，有个性的员工优点和缺点都比较明显，一方面他们独立有主见，较少言听计从；另一方面往往又会我行我素，有意无意地与管理者处于对立的位置上。对此，管理者一定要摸准有个性员工的性格、脾气，洞悉他们的心态，明确他们的愿望，在此基础上采取相应的对策。

首先，要尊重、顺应他们。有个性的员工往往服软不服硬，在他们不驯服时，当领导的不能训斥压服，颐指气使，要注意"顺毛"。安排任务多用商量的口气，给他们以尊重感；掌握他们的思想动态，更好地做他们的工作。

其次，对有个性员工的"冒犯"，要有容忍之心，用信任感化他们，从而得到他们的尊重和信任。不要因一点小事而斤斤计较。

此外，有个性的员工由于性格上的原因，在工作、人际关系上可能会遇到难题。这时，管理者要真诚关心他们，积极引导，既不以权势使其屈服，也不要一味迁就，而给他们留一定的自主活动的空间，使他们能适当地单独工作，发挥自己的才能。

2. 要谦让，但不放弃原则

一般情况下，个性强的员工都爱争强好胜，在人前不服输，爱面子，即使是自己的观点不正确，在人前也抹不下面子去承认，而是"无理也要争三分"。尤其是对那些没有明确评判标准的似是而非的问题，更是寸步不让，大有让所有人都赞同他的气势。总之，这类个性很强的员工只能赢不能输。对于他们，管理者可在不违反原则的基础上，灵活谦让。特别是在非原则性的问题上，不与他们在众人面前据理力争，可将问题暂时放到一边，寻找其他途径，争取达成意见统一。

3. 劝说有个性员工，不任其发展

大凡有个性的员工，对事物往往能够独立思考，勤于总结，不太愿意与他人协商，而且听不进不同意见，这样做的结果当然有时会失之偏颇。 而他们在工作中又不注意随时修正自己的错误，总是抱着一种"撞到南墙死也不回头"的顽固态度。 对此，管理者要进行耐心细致的劝说，修正其不正确的观点，改变其对问题的看法，不让他们随意发展。 在工作中，注意多与他们进行沟通、协调，虚心学习他们的长处。 长此以往，有个性的员工会在管理者的耐心劝说下收敛自己身上的"棱角"。

### 4. 满足有个性员工的正当要求

对于有个性员工提出的要求，管理者既不能置之不理，也不可一一答应。 要认真分析、区别情况，能解决的尽量解决。他们的最大愿望就是能出人头地。 因此，管理者需要关心他们的成长，使他们感到在工作上有奔头。 对一时解决不了的要求，要做好解释工作，消除他们的怨气；对无理的个人要求，要理直气壮地拒绝；对提拔上的要求要通盘考虑，一碗水端平。另外，要为有个性员工实现其正当要求铺平道路。 有个性的员工一般都孤傲清高，不愿意与管理者套近乎，有时甚至经常与管理者意见相左。 有些管理者便认为他们不听话，难以管教而让他们坐冷板凳，这是不可取的。 当领导的要消除偏见，为有个性的员工甘当铺路石，使他们不断完善自己。

总之，管理者对于有个性的员工，既要给予他们发展的空间，满足他们的正当要求，又要约束他们，不使他们任意发展。只有这样，才能很好地管理他们。

第五章

带人要有目标、有计划

# 成功的企业要有合适的计划

　　企业计划是由企业编制的，全面安排本企业的生产经营活动的计划，是实现企业经营战略，协调企业外部环境、内部条件同生产经营活动目标之间关系的手段和统一企业职工行为的纲领。

　　企业计划包括企业的长期计划、中期计划和短期计划。 短期计划一般指的是年度计划、季度计划和月度计划等。 中、长期计划通常指的是一年以上，三年、五年、八年的计划。 企业计划按职能划分，有生产计划和生产作业计划、营销计划、技术开发计划、财务计划等，分别协调相关部门活动。 要做好企业计划工作，须明确计划的基本职能，并重点考虑以下几个方面。

　　1. 明确目标

　　目标是企业的生产经营活动在一定时期内预期的成果，是企业各个部门、每个职工努力的方向。 企业要有效地开展经营活动，必须在了解社会需求和企业各利益主体的期望基础上，根据需要和可能确定目标及其实现的先后次序；为实现目标确定任务结构和分配任务；制定目标考核和奖惩办法。

　　2. 配置资源

　　在目标确定后，就要按目标轻重缓急，采用现代技术来巧妙地配置资源，使存量资源和增量资源都发挥出最大效能。

### 3.协调生产经营活动

企业是一个复杂的生产经营系统，为使这一系统和谐有效地运行就要通过计划协调好企业外部环境与内部条件同目标的关系，投资者、经营者同劳动者的关系，人与物的关系，以及由其组合而成的生产经营过程中每个环节之间的关系。协调好这些关系，使企业像一个有机体那样运行。

### 4.提高经济效益

企业的一切活动的目的都是为了满足社会需要，在顾客满意的前提下提高经济效益。计划管理的中心任务就是将满足社会需要、使顾客满意与提高经济效益有机地结合起来，在预测需求、资源保障、技术条件等基础上，做好企业目标的制定与分解、配置资源、协调好生产经营活动等项工作，通过综合平衡，用一定的投入，取得最大限度的产出，增加经济效益，使企业保持稳定和持续的发展。

## 领导者要善于指明方向

要想做成某件事，你就得有个明确的目标——个要瞄准射击的靶子，一个你和你的组织为之努力奋斗的方向，然后把它具体化。没有方向，你就不知该往何处去，还会为此浪费大量宝贵时间。 目标是指路明灯。 有了目标，你就能集中精力，带领大伙直奔前方。

面对前方的路，作为领导者要一步步地走。 如果你想一步登天，转眼就实现总体规划，那你就陷入了空想之中。 你要做很多很多事，完成一个又一个的小目标，才能实现梦想。 小目标的分设，使你能合理地将团队分成若干小兵团作战，继而发动总攻，大获全胜。

领导者需要不断提示和警告下属，需要为下属指引方向，需要让下属明白事情的重要性，需要让下属弄清事实的真相，需要让下属明白自己的工作与其生存和成功紧密相连，还需要表明下属的贡献有多大，需要承认下属在组织中所处的地位，需要让下属看到自己的将来。

领导者要将组织的长期目标转化为让下属可以实现的具体目标，并为组织中的每一个人指明方向。

要达到目标，你必须明确重点。 帮助下属把握目标，如果偏离方向，及时予以纠正。

下属需要有人给其指明生活和工作的方向，而领导者是最佳人选。 如果下属看不到生活中美好的东西，就会茫然无措，丧失信心。 工作中也是如此，看不到目标就会漫无目的、迷失方向。

领导者应当每隔一段时间（如 3 个月）和下属坐下来，共同描述一下整个组织以及每个人将来的工作前景，这是十分重要的。 这幅蓝图就是整个组织工作的重心，也是你为下属指明的方向。 称职的领导者能根据自己上司的要求确定自己的工作方向。 另外，这些领导者还会向下属表明，除完成确定的目标外，还希望下属做些什么。

当领导者为下属指明了具体的方向以后，领导者也清楚以怎样的方式达到自己所确定的目标。当出现问题时，你还必须做一下适度的调整，要保证你所确定的前景是你和下属最大限度的目标，同时也保证目标是你和你的下属通过努力所能够达到的。

如果领导者不将组织的长远计划的重点告诉下属，不让下属感受到自己的努力与组织成功之间的内在关系，下属的工作动力从何而来？如果你不讲明问题，下属怎么会认可其他同事对他的帮助？如果你不告诉下属一些他从未运用过的解决办法，下属怎么能够去面对那些十分棘手的问题？

可是实际上，我们在许多事情上都没有抓住重点，没有看到问题的关键，缺乏远见，只见树木不见森林，易受外部环境的影响，看不到自己好的一面，只想到那些阴暗面，只听那些自己想听的声音，做事没有分寸。

找一个时间，大家坐到一起，共同讨论工作，开诚布公地研究问题，随后公正地评判下属的谈论内容。这有利于帮助下属找到问题的关键，实现目标。

确立目标时切记：少而精乃上策。多确立几个目标为什么就不好呢？目标越多，你关注每一个目标的精力就越少，因而会事倍功半。无论你这个领导者有多大能耐，也不可能事事都抓。

领导者确立的目标太多，常常会发现用心良苦的计划无人理睬。下属应付那些咄咄逼人的活儿还忙不过来呢。在那些忙里忙外的下属看来，目标太多就等于没有目标。"为什么要费力去干，反正也干不出成效来。"目标太多时下属常会这样抱怨。

所以，最好选择一两个最关键的目标埋头苦干。

集中精力抓好两三件事。 领导者不能事事同时都做，下属同样也做不到。 大面积撒网不仅会分散精力，而且很可能一事无成。

集中精力主攻与组织的使命有密切联系的目标。 也许你想去攻克那些富有挑战性的、有意思的、但与组织的使命相去甚远的目标，记住可千万别干这种傻事。

分清主次，有些目标要花你很多时间才能完成。 由于你时间有限，所以最好选几个与组织的宏伟规划相关的目标去攻克，而不是抓过来一大堆关系不大的目标。

定期审查确立的目标并及时更新。 商海并非风平浪静，定期审查、评估已确立的目标，有助于领导者证实这些目标是否仍和组织的远大规划保持一致。 如果一致，那就太棒了，接着干下去。 如果不一致，就重新制定实现目标的日程表。


## 制订计划前的调查


企业的调查预测是计划和决策的前提，计划可行与否、决策是否正确，很大程度上取决于企业调查预测的准确性与可能性如何。 调查是对企业环境的了解，对各种资料的分析。 预测是对未来的估计。 调查和预测是企业计划管理的第一步。

其实，计划的调查、分析和预测的目的是为了明确计划的前提条件和基本假设。 这些工作的质量直接关系到计划的效果。

由于调查、分析和预测是一门专门的技术，熟练地运用这些工具需要接受正规的教育和培训。为此，这一部分的工作你可以要求他人（内部人员和外部人员）来完成，但你必须有这方面的相关知识，以便使你能与相关人员进行必要的沟通。一些简单的市场调查通过学习也可以自己做。因此，我们在这里主要为中层管理者提供一些基础知识和基本的思维框架，以及主要的工具。

需要指出的是，你在使用这些资料和报告时，一定要注意其局限性，并学会充分发挥自己的判断力和直觉，也就是使自己具有远见和洞察力，以克服调查和预测的局限性。

### 1. 计划与调查

任何一个可行的计划都应该是基于企业本身的条件和外部环境的现实要求之上的。如果一个计划超出了企业本身的条件限制，或者与现实环境存在偏差，那么，这个计划肯定是无效的和不可行的。

如果要保持计划与企业内外环境的一致性和适应性，计划制订者就必须在编制计划之前对企业的内外环境进行扫描、调查和预测，以便为计划的编制提供各种参考依据。

企业调查的目的就是要了解企业内外环境的各种情况，一方面能及时发现问题，另一方面能为计划提供各种数据。

企业调查内容的范围很广，从企业内部的人、财、物、生产等到企业外部的市场供求情况、消费者心理、国家政策、法律的规定和竞争对手的情况等等。

企业调查是一项严肃细致的工作。其有自己的一套工作方法和程序，根据不同的内容，采用不同的方法。调查要尽可能地以数据说话，而不能想当然。

企业调查是一项长期性的工作。这是由于企业外部情况是在不断变化的，不可能调查一次之后就一劳永逸，而是要不断理解新情况、新变化，以使计划决策建立在可靠的基础上。

2．调查的内容

一般来说，企业调查可分为市场调查、竞争对手调查、社会政治经济文化因素调查和企业内部情况调查几个方面。

（1）市场调查。在作用于企业的各种因素中，市场是与企业最为密切相关的因素。因此，市场调查是企业调查最重要的一环。

市场调查的内容很多，其中最重要的部分是消费者调查。消费者调查首先是对市场按一定的标准进行划分，了解消费者在各个地区、各个阶层的分布情况。然后，在市场细分的基础上，找出企业产品的主要消费者和忠实消费者。企业应该充分重视这两种消费者的意见和要求，并最大限度地予以满足。

在对这两种消费者进行调查时，一方面要了解这两种消费者对产品的品种、规格、花色、价格、数量、质量和服务等方面的意见和要求；另一方面要注意其购买动机和偏好。

调查了解市场购买力也是市场调查的重要内容，因为购买力决定着市场需求情况。同时，企业也不应该忽视对市场潜力的调查。

（2）竞争对手调查。在市场竞争日益激烈的今天，竞争对手调查的价值日显重要。

竞争对手调查主要包括四个层面：

第一，企业要对竞争对手的基本情况有所了解，明确哪些是企业的竞争对手，数量是多少。在确定竞争对手时，主要依据其战略定位和采取的竞争战略而定。

第二，企业要对竞争对手的竞争实力和核心能力进行了解。每一个企业都可能有自己的核心能力，这种核心能力是企业获取竞争优势的主要源泉。因此，了解竞争对手的核心能力有利于企业扬长避短。

第三，企业还要分析竞争对手开发新产品的动向、对用户的服务方式等，以便为企业的产品和服务开发提供依据。

第四，企业也不能忽视对潜在竞争对手的调查。通过调查可以使企业在潜在竞争对手发展起来之后有备无患，采取相应的对策。

(3)社会政治经济文化因素调查。"风物长宜放眼量"，企业为了从长计议，还必须对外部环境进行更广泛的调查，包括国内外的政治局势，国家政策、计划、法令等，以及社会文化、社会心理、科学技术的发展。这些因素对企业有着不同程度的影响。

(4)企业内部情况调查。在了解外部环境的同时，企业还必须对企业的内部情况进行调查，以便使计划能与企业的实际情况相符。

企业内部调查的主要内容有：企业的生产能力、技术水平、管理能力、资源条件等。对本企业情况的了解，可以通过对企业的产、供、销各方面情况的统计分析来进行。通过对生产技术资料的分析，可了解企业的生产能力和技术水平。通过对各种销售资料的统计分析，可了解本企业产品在市场上的反响。对企业内部情况的了解的准确程度取决于企业的基础调查工作做得如何。

通过调查企业内部情况，管理者可以对企业的强项和弱项有所了解，这对计划的制订是非常重要的。

### 3. 调查步骤

调查步骤分为三个阶段。

（1）预备调查阶段。 企业调查的目的是收集与分析资料，以便为企业计划的编制提供依据。 因此，企业在调查时首先要确定调查的范围和调查的对象。 为了确定调查的范围和调查的对象，一般先进行初步情况分析和非正式的调查。

（2）正式调查阶段。 企业在预备调查的基础上，要结合本企业经营中存在的主要问题，明确调查的目的。 调查项目可以是多方面的，如企业产品的价格、质量、数量、销售途径、技术水平。

在明确调查目的之后，就要确定调查资料的来源以及收集方法，并制订调查计划。

无论是第一手资料还是第二手资料，收集的目的是为了应用。 因此，资料的收集要有针对性。 在有计划地收集资料时要保持资料的系统性、完整性和连贯性。 还应注意及时收集有关调查问题发展动向和发展趋势的情报资料。 只有如此才能为计划提供可靠的依据。 调查计划包括：企业调查的目的，调查的对象是什么，采用哪些方法，调查费用的支配以及调查的作用。

（3）结果处理阶段。 这一阶段是将收集到的资料进行整理、统计和分析，然后根据分析结果提出调查报告。 在处理时，首先要把调查到的资料进一步核实并分类。 之后进行统计计算，系统地制成各种计算表、统计表、统计图，以便使用和分析。

4．调查的方法

调查的目的在于取得各种信息。信息不同于资料，信息是对一大堆杂乱无章的资料整理后的解释。比如，将一张张发票加以汇总，可找出不同地区的销售量。这个不同地区的销售量就是一个重要信息，它解释了一大堆发票中所隐含的产品市场分布。调查工作本身就是对资料的加工整理。

一般来说，调查方法可以分为资料法、询问法、观察法、实验法和抽样法。

（1）资料法。资料法是通过各种渠道收集有关企业经营活动方面的相关资料进行分析、整理。使用这种方法费用少而效果好。

（2）询问法。询问法是以询问的方式作为收集资料的手段，将所要调查的事项以当面或电话、书面的方式向被调查者提出询问，以获取所需要的资料。询问法是市场调查中常用的方法。

询问法按调查方法的不同可分为个人询问、集体询问、电话询问、信件询问、电子邮件询问等。这几种方法的采用，依赖于调查问题的性质和要求以及资料范围、调查经费、时间长短而选定。

（3）观察法。观察法是在被调查者感觉不到的情况下进行观察的方法。这种方法不直接向被调查者提问题，而是从旁边观察并记录所发生的事实，观察被调查者的行为、态度，如调查者在现场观察顾客的行为。这种方法可以比较客观地搜集资料，调查结果比较接近实际，但要求调查人员富有经验。

（4）实验法。 实验法是先选定某一特定市场和时间进行小规模的实验，然后进行分析，看是否值得大规模推广。 实验法应用的范围很广，凡是产品改变品种、价格、质量、规格、花色、包装等因素时，都可采用实验法。 通过实验，了解消费者对于价格是否接受，花色品种是否受欢迎，以确定是否生产和生产多少。

> 日本一家灯泡厂生产出一种能保护视力的新灯泡，先请1300个家庭免费试用，一家给两个，两周后征求意见，86%的答复是肯定的，认为确有保护视力的作用。这样灯泡厂领导心里就有了底，于是委托100多家商店试销10万个新灯泡。不久，全部售出。于是，开始大规模生产。

（5）抽样法。 企业调查资料最好用全面调查的方法取得。这种方法所取得的资料全面可靠，但花费人力、物力、财力较多，并且调查的时间长，不符合一般企业的要求。

企业在品种多、产量大、用户多、销售范围广的条件下，可选用抽样的方法，即从全部调查对象中选择一部分具有代表性的对象加以调查，并据此从数量上推断全体的调查方法。

## 分解目标，让员工更快地看到实惠

好的管理者就是教练，就是老师。师者，为了更好地督促学生进步，会给学生布置作业。教练型管理者也要为员工布置作业——设定目标。管理者的一个重要职责，就是激发员工的主观能动性。我们知道，企业大的目标可以对员工起到很好的鼓励作用，但作为一个管理者，如果能将大的企业目标拆分成一个个容易实现的具体的小目标，则更能使员工得到实惠，看到希望。

为什么小的目标更能让员工看到希望？因为大的目标笼统而抽象，不便于测量与操作。目标不便于操作，自然就激发不起员工的积极性。但如果将笼统的总目标分解为多个具体、精确的小目标，那就便于执行了。这个将目标具体化、精确化的过程，就被称为目标分解。

当大的目标被清晰地分解了，目标的激励作用就显现了。在实现了一个小目标之后，我们就及时地得到一个正面激励，这会增强我们追求下一个目标的信心。日本著名的马拉松运动员山田本一的成功，就得益于他对目标的合理分解。

　　山田本一是日本著名的马拉松运动员，他曾两次夺得世界冠军。每次记者问他凭什么取得如此惊人的成绩时，山田本一总是回答："凭智慧战胜对手！"对于山田本一的回答，很多人都觉得他是在故弄玄虚。在 10 年之后，这个谜底被揭开了。山田本一在自传里这样写道："每次比赛之前，我都要乘车把比赛的路线仔细地看一遍，并把沿途比较醒目的标志画下来。比如第一标志是银行，第二标志是一棵古怪的大树，第三标志是一座高楼……这样一直画到赛程的结束。比赛开始后，我就以跑百米的速度奋力地向第一个目标冲去，到达第一个目标后，我又以同样的速度向第二个目标冲去。40 多公里的赛程，被我分解成几个小目标，跑起来就轻松多了。开始我把我的目标定在终点线的旗帜上，结果当我跑到十几公里的时候就疲惫不堪了，因为我被前面那段遥远的路吓到了。"

可见，目标是需要分解的，在制定目标的时候，我们需要大目标，更要明确的、具体的小目标。因此，身为管理者必须学会将大目标打散，分解成一个个可管理的小目标。通过利用小目标，来创造短期胜利，以便让你的大目标产生公信力，并且持续发挥威力。

管理者可利用以下两种方法分解目标，激励士气。

### 1. 剥洋葱分解法

就像剥洋葱一样，将大目标分解成许多个小目标，再把每个小目标分解成若干更小的目标，就这样一直分解下去，到最后，你就会清楚现在该干什么。

在实现目标的过程中，我们一般是从低级目标到高级目标，由小目标到大目标，一步步前进。但在设定目标时，最高效的方法不是从低到高，而是由高到低，运用剥洋葱法，由大目标到小目标，由将来的目标到现在的目标，由高级目标到低级目标，层层分解。比如，在帮助员工做职业规划时，管理者就可以应用剥洋葱分解法。

第一步，帮助员工找到其梦想，然后帮助员工将自己的梦想明确化，并使之变成员工的终极目标。

第二步，帮助员工分解总目标，比如把 5 年目标分解成一个 2 年目标、一个 3 年目标；再继续分解，把 2 年目标或者 3 年目标分解成若干 3 个月目标或者半年目标，目的就是把大目标变成小目标。

第三步，继续分解，将月目标再分解成若干周目标，周目标分解成若干个日目标，最后，员工就会非常清楚现在要做什么、该做什么。

2. 多权树分解法

在多权树目标分解法中，大目标与小目标的逻辑关系是：大目标是小目标的结果，小目标是实现大目标的条件。无数个实现了的小目标之和，就是大目标的实现。

多权树分解法的操作步骤如下。

先写出一个大目标，然后写出要实现这个大目标所需要的条件。当然，在写出大目标之后，还要写出每一个小目标。小目标是大目标的第一层树权。

接下来，再列出要实现这些小目标需要的条件，分别确定哪些是实现目标的充分条件，哪些是实现目标的必要条件。

以此类推，直到呈现出即时目标为止，才算完成该目标的多树杈分解。 明白了目标分解的方法，管理者在对目标进行分解时，还要掌握以下技巧。

（1）从小的胜利开始。 将目标分解成小目标之后，尽量能保证小目标尤其是最先执行的小目标在最短的时间内取得胜利，这样更能刺激员工追求下一个目标的实现。 要知道，大的胜利往往是建立在多个小的胜利之上的。

（2）经常回馈。 要让员工拥有继续向前奋斗的动力，管理者必须让员工看到自己的努力是会产生结果的。 优秀的领导者不仅会带领员工快速取得小的胜利，更能在胜利之后，和员工一起庆祝这些胜利。

（3）在实现目标的过程中一定要有耐心。 一个在末尾盘旋许久的队伍，不可能在一朝一夕间就变成冠军队伍，即便是这个管理者的能力非常卓越。 因此，一个优秀的领导者必须以平常心对待胜利与失败。

虽然维持员工的斗志并不是一件容易的事，但这却非常重要，并且团队每向前迈进一步，都会有不同的挑战和困难，因此激励需要永不间断。

优秀的管理者总能在确定了大的组织目标之后，对其进行有效的分解，将大目标转变成每个员工的分目标，用分目标创造出的短期胜利去激励员工，更能让员工感受到实惠。

# 给员工制定"跳起来够得着"的目标

曾经看到过一篇很经典的管理文章，叫《杰克·韦尔奇管理办法50条》，其中有一条是：给员工制定跳起来才大概够得到的目标。这是杰克·韦尔奇常用的激励员工潜能的办法。他曾说过："在我的管理生涯中，我不断为每一位员工提供富有挑战性的工作，由此造就了了不起的通用员工，然后，再由他们造就了了不起的产品和服务。"杰克·韦尔奇所说的富有挑战性的工作就是一个个"跳起来够得着"的目标。

"跳起来够得着"的目标与一般的目标有什么不同吗？它不是过低的目标，过低的目标对于激励员工是无益的，目标过低，员工轻而易举地就能达到，很容易使员工失去工作激情；它也不是刚好能完成的目标，刚好能完成的目标不能让员工收获成就感；它更不是高得离谱的目标，高得离谱的目标，员工一听就会恐惧。那它到底是什么样的目标？打个简单的比方说，如果员工的能力为100％，那么"跳起来够得着"的目标就需要员工的能力达到110％或115％才能实现，但这10％或者15％的能力增长，对员工来说是完全可能的，管理者只要帮助员工找到实现目标的方式和手段，那么这个"跳起来够得着"的目标不但不会使员工恐惧，反而会激励他们充分发挥自己的潜能，唤起他们不断挑战的热情。

当然，要给员工制定"跳起来够得着"的目标就要明白这个目标所包含的两层意思。

第一，这个目标必须跳起来才能完成，躺着不行，坐着不行，站着也不行。也就是说，这个目标的完成需要员工使一把劲儿，需要一个动作"跳"，而不是站起来伸手即可实现目标。而"跳"正是员工积蓄能量、能力爆发的过程，经由这个过程，员工的潜能才真正被唤醒。

第二，这个目标必须是能够得着的。也就是说，经过员工的不断努力和提升，这个目标是能够实现的，即"够得着"强调目标一定要具有可操作性。

什么是可操作性？可操作性简单来说就是"能做"，就是有条件达成一件事情。如果一件事情想象着很美好，但是在生活中却根本实现不了，这不叫"可操作"，这只能叫作"空想"。

下面要讲的故事中的老鼠们的想法很好，但就是实现不了，这就是典型的"空想"。

　　老鼠吃尽了猫的苦头，一天，老鼠大王组织召开了一个老鼠会议，紧急商讨怎样对付猫吃老鼠的问题。

　　会上，老鼠们踊跃发言。最后一只最聪明的老鼠想出了办法："俗话说，猫有九命，硬拼我们肯定不行，对付它的唯一办法就是防。我们可以在猫的脖子上系个铃铛。只要猫一动，就有响声，我们就可事先得到警报，躲起来。"

　　众老鼠欢呼雀跃，个个称赞是好办法。但是，在执行的时候却出现了问题，谁去执行这个任务呢？大家找各种理由你推我我推你，到最后，也没找出一只能够并敢于将铃铛系到猫的脖子上的老鼠。就这样，老鼠大王一直到死，也没有实现给猫系铃的夙愿。

很明显，这个故事中，老鼠制定的这个目标就不是一个"跳起来够得着"的目标，因为不管老鼠们怎么"跳"，这个目标都不可能完成，因为根本就不具备可以完成的条件，即这个目标根本就没有可操作性。因此，管理者在给员工制定目标时一定要考虑可操作性，不要让目标只有挑战性而失去可操作性。

那么，管理者到底该如何给员工制定"跳起来够得着"的目标呢？制定挑战性工作目标的基本策略是：在了解员工当前工作水平与潜力的基础上，先多后少，从粗到细，将预设、调整与动态生成结合起来。

所谓"先多后少"，即先考虑多数员工的水平，再考虑优秀员工与差员工，这样便于管理者制定一个合理的有挑战性的整体目标。"从粗到细"，即相对于制定的整体目标，考虑每个层次员工的个性差异，将整体的目标细化为不同层次群体的挑战性目标。"先多后少"与"从粗到细"的两个制定过程是同时进行的。"将预设、调整与动态生成结合起来"是指管理者与员工共同预设挑战性目标，根据工作的实际情况，在工作过程中不断调整预设的工作目标，使之更符合员工的实际，并动态生成新的具有挑战性的目标。

# 统筹兼顾、全面安排的规划艺术

统筹兼顾、全面安排的规划艺术，强调的是在对决策目标做具体规划时，既要突出重点，又要兼顾其他，主次配合，协调一致，使资源、能源、资金、人力的配置，既有重点，又按比例。

这种规划艺术是唯物辩证法的两点论和重点论在规划工作中的具体运用。在事物的整体中，主要矛盾不能脱离其他矛盾而孤立存在，否则，既无"主要"可言，又无"主导作用"可发挥。在事物的发展过程中，主要矛盾虽然对次要矛盾起着主导作用，但次要矛盾对主要矛盾也有一定的影响作用，有时这种影响作用还是相当重要的。因此，不仅要集中主要精力解决主要矛盾，也要以适当的精力去解决次要矛盾。统筹兼顾、全面安排的规划艺术，强调的正是这个道理。领导者在做规划工作时，必须在保证重点的基础上进行全面安排。只有这样，才能有效地实现决策目标。

具体地说，统筹兼顾、全面安排的规划艺术包括以下几个方面的内容。

## 1. 经济、政治、文化全面考虑

任何一项规划，无论是经济规划、政治规划，还是文化事业方面的规划，实际上都要涉及社会的经济、政治、文化各个方面，只不过是以某一方面为主。 例如，经济规划以经济为主，而同时影响社会的政治、文化的建设与发展。 领导者在做某一项规划时，必须全面考虑经济、政治、文化等各方面的问题，作最佳的选择。 例如，在规划某一地区的生产布局时，不仅要认真考虑该地区经济的发展，而且要考虑如何促进该地区的整个社会的协调发展，促进该地区的文化事业的繁荣，人民群众的安居乐业，同时要有利于促进该地区的政治稳定。

2. 国家、集体、个人三者利益的统筹兼顾

任何一项规划都要涉及国家、集体、个人三者利益。 规划项目的大小直接决定着投资的总量，而投资来源于资金的积累。 投资过多、积累率过高，就会影响人民群众的生活，因此，必须坚持国家、集体、个人三者利益的统筹兼顾。

3. 人力、财力、物力的综合平衡

进行一项规划，重要的任务之一，就是将有限的人力、财力、物力进行合理的有效配置。 在特定的时间里进行某项建设，供其支配的人力、财力、物力总是有限的，将有限的人、财、物进行科学分配，就需要认真地全盘筹划，尽量做到以较小的投入实现较大的目标。 同时，规划中的人力、财力、物力之间需要按照一定的比例来进行配置。 它们之间具有客观的量的比例关系，必须按照这一量的比例关系来进行综合平衡。

4. 建设与发展的全面安排

规划不仅要考虑到现在的建设，而且要考虑到未来的发

展。 这里需要着重强调的是，规划中要把人才的培养、技术的发展、产品的更新等一系列内容考虑进去，并作为规划方案中的内容之一。

统筹兼顾、全面安排的规划艺术，是规划中要讲求的首要艺术。 只有首先讲求这一艺术，规划才有可能成功。

第六章

让所有人都按照规矩办事

# 良好的公司风气要靠纪律来树立

公司风气的好坏决定一个企业的存亡，因为公司风气不好就会直接影响员工的情绪，使工作秩序混乱，效率低下，直接影响到公司的发展。

心理学家詹巴斗曾做过一个试验。

他把两辆一模一样的汽车分别放在两个不同的街区，其中一辆完好无损，停放在帕罗阿尔托的中产阶级街区；而将另一辆汽车的车牌摘掉、顶棚打开，停放在相对杂乱的布朗克斯街区。结果，停放在中产阶级街区的那辆汽车，过了一个星期还完好无损；而停放在比较杂乱的街区的那辆打开了顶棚的汽车，不到一天就被偷走了。后来，詹巴斗又把完好无损的那辆汽车的玻璃敲碎了一块，仅仅几个小时后，这辆汽车就不见了。

以这个试验为基础，政治学家威尔逊和犯罪学家凯林提出了一个"破窗理论"。他们认为：如果有人打坏了一栋建筑物的玻璃，又没有及时修复，别人就可能受到某些暗示性的纵容，去打碎更多的玻璃。久而久之，这些碎了玻璃的窗户就给人造成一种无序的感觉，在这种公众麻木不仁的氛围中，犯罪就会滋生、蔓延。

虽然"偷车试验"和"破窗理论"更多的是从犯罪的心理去思考问题，但不管把"破窗理论"用在什么领域，角度不同，道理却相似，那就是环境具有强烈的暗示性和诱导性。比如，在一个公司里，如果大多数人都能维护办公环境的整洁，那么就不会有人随便在地上扔纸屑。同样，如果大多数人都能自觉地遵守公司的制度，那么就会形成良好的公司风气，就不会有人随便违反纪律了。也就是说，公司风气好了，不文明或者违纪的行为就会减少，就会使整个公司都具有良好的规范和秩序。

但是，由于人的素质参差不齐，每个企业都会有素质较差的人，或者成绩平平，甚至起反面作用的人。如果这些人犯错或破坏公司的正常工作，管理者必须果断地采取惩处措施，以免这些个别的行为破坏了公司的良好风气。

有些员工的行为不足以严重到被解雇，但如果他们的不正当行为有损于公司良好风气的形成，就应该马上进行批评教育，从而尽量减少这些行为给整个公司造成负面影响。

现实中，还有些员工品行不端，虽然没做什么有损公司利益的事，但对其他员工可能造成不良影响，这会令公司的风气氛变得很恶劣。绝不要容忍这类员工，必须进行严厉警告。

还有一些员工，总找各种机会偷懒，这种现象如果不及时制止。久而久之，那些工作效率差、懒散不负责任的员工，就会把整个团队拖垮。

所以，作为企业的管理者，用严明的纪律来树立公司的良好风气是非常必要的。

# 不要容忍工作秩序被破坏

老木匠师傅总是会不厌其烦地交代学徒要保养好刨子、斧子、磨刀石等这一套工具，为什么呢？因为认真对待这些工具，就是认真对待工作。做事马虎的木匠，他的磨刀石必然长满了红色的铁锈；反过来，一位勤快的木匠的磨刀石，必定光泽明亮。

在公司里，员工是否经常整理他们自己的用具，是不是经常会出现这样的情景：桌子上，文件放得乱七八糟；椅子上，用手一摸，全是灰尘；复印机忘了关；电灯忘了关；电脑忘了关……

员工们的这些表现，不仅说明他们对办公设备不珍惜，也说明整个公司缺乏良好的工作秩序。

一个人的态度和修养不总是体现在遇到大事情的时候，细节更能反映一个人的品行。如果一个人很注意细微的地方，那就更没有理由忽略大的事情。作为一个管理者，只要懂得从这些细节入手，就可以及时纠正员工的不良工作习惯，从而避免工作秩序被破坏。

在公司内部，良好的工作秩序也是一种不具体成条文的规则，对于员工遵守执行公司具体的规章制度是很有帮助的，良好的办公秩序体现在许多细微的、容易被忽略的地方。

如今，工作时的着装正变得越来越随便，许多公司甚至把一年或某一个季节的某一天定为随意着装日，而有些公司却又浪费了大量的时间去规定哪些服装是可以穿的，哪些服装是不可以穿的。

对于并不需要招待顾客或客户的员工，可以允许穿得随便些，但不能随便到让人看起来不舒服的程度。如果经常有顾客或客户到公司来，那就要对那些经常和客户打交道的员工定几条着装标准——要穿衬衣而不能穿 T 恤衫；穿宽松的裤子而不能穿牛仔裤；可以穿裙子，但不能穿超短裙等。

千万不要小看公司着装问题，某公司以前就发生过这么一件事：销售一部的一位员工有一天居然穿着运动服去会见一位重要的客户，恰好这位客户是一个非常严肃的人，他认为自己没有受到应有的尊重，结果使公司损失了一笔非常大的订单。

除了着装以外，工作秩序的好坏还表现在许多细小的事情上。比如，上午九点，上班时间到了，员工也基本都到齐了，但是，他们并不急着开始工作，而是喝杯茶，浏览一番报纸，或者聊聊昨天的新闻，然后才慢慢腾腾地开始工作。这种情况，看起来是件小事，但无形中也破坏了公司的工作秩序。

还有一种常见的情况，就是假如管理层提出"本月份的指标是十"，大家私下就会嘀咕："说要达到十，实际做到七就行了。"员工有这种工作态度，任何工作都完不成。

假如管理者发现工作秩序有遭到破坏的苗头，或是工作秩序已经遭到了破坏，就应该迅速找出原因，及时制定对策，否则，公司就会沿着下坡路越滑越远。

公司中有些破坏工作秩序的现象并不是特别明显，但日积月累，就会给公司造成很大的危害，比如浪费问题。浪费增加了公司的支出，因为其中有一些东西是还可以再使用的，却被抛弃了。 虽说浪费的可能只是一张纸、一枚钉子，但时间长了才发现，浪费给公司造成的损失是巨大的。

人们很容易养成坏习惯，而且很难纠正。 所以，管理者要在员工的这些坏习惯形成之前，就帮助他们纠正过来。 即使员工发牢骚，管理者也不要对他们妥协，只要看到员工有扰乱工作秩序的现象，就要对他们进行批评。

良好的工作秩序需要每一个人的共同努力，管理者要以身作则，员工们要互相监督。 只有这样企业的成长才不会是一句空话。

## 违反纪律的人都要受到惩罚

某公司的经理有次办完事回到公司，刚一下车突然发现一位青年员工刚刚走进大门。

经理抬腕看了看表，上班已经 10 多分钟了。 于是，他上前问道："你是哪个部门的？ "员工一看是经理，便不好意思地说："我……我是企划部的。"

经理等了一会儿，发现还有迟到的员工。 于是，他回到办公室，命令秘书立即通知各部门主管紧急开会，会议内容只有一个：整顿纪律，清查今天迟到者。 结果，各部门共查出 6 名迟到者，包括 1 名部门主管。

经理命令全体主管和员工暂停工作，全部到会议大厅集中。 会上，他当众宣布，对 5 名迟到者给予警告处理，对那位部门主管给予纪律处分，并扣除当月全部奖金。然后，他告诫大家，遵守公司纪律是对每一个员工最基本的要求，必须重视，认真对待纪律问题。

通过这一件事，很快改变了员工纪律观念一度松懈的现象。有了纪律的约束，工作效率明显提高。

有些人可能认为这位经理有点小题大做了，迟到又不是多么严重的错误，是不是对他们的惩罚太重了。面对这种看法，我们可以看看下面这件事。

有这么一个公司，公司的总裁性格温和，与员工们亲密无间，时常在一起打牌、聊天、旅游……时间长了，员工便把总裁当作朋友一样看待了。平日上班迟到、早退现象频繁，更有严重的竟然连续几天不来上班，总裁交给的任务要么马马虎虎完成，要么干脆拖个十天半个月的再去做。

半年下来，公司的营业额和利润直线下落，使得这位总裁很是担忧，怎么办呢？

总裁想来想去，最终在某一天的公司大会上，宣布曾经与他关系十分亲密的一位好友因纪律散漫、业绩低劣而被解雇。

这一招果然十分管用，公司员工看到这种情况，都纷纷重新勤奋起来，而且为产品广开销路更是不断创新，想出了好多很好的方法，一切又朝着好的方向发展下去。

因此，管理者要让违反纪律的人都得到惩罚，这样才能使别的员工知道，自己要怎么做才不会像他们一样。一个运作良好而且有着发展前途的企业，不会只把纪律、规章挂在墙上，而会在具体的工作中切实地贯彻执行。

## 不可行的规章制度没有存在的必要

　　一个企业必须有自己一套完善的规章制度，来保证正常的工作秩序和各项计划的实施。同时，制度也可规范企业内所有人的行为，从而更好地维护企业的利益。

　　当然，有的规章制度在当时是可行的，但随着时间的变化，不再适应现在的形势了；有的规章制度可能只是针对当时的一项特殊任务制定的，完成这项任务之后，就失去了它的作用；还有的规章制度可能与企业的文化或其他制度相抵触等，这样的制度已经失去存在的必要性，因为它不但不可行，反而会影响员工工作的积极性和热情。比如，有一家公司还保留着这么一条规定：公司的男女职员不得直接面对面谈话，如果工作需要必须交谈，则要有第三者在场。显而易见，这样的规定在现在是非常不合理的。还有的公司规定，即使在炎热的夏天，拜会上司时仍须穿笔挺的西服，还要扎黑色或灰色的领带，否则一律不接见。像类似的规定其实早就没有存在的必要了。

　　不错，每个企业都需要规章制度来指导其运营，这些制度的制定和执行是管理者的责任。自然，企业也希望员工遵守这些制度。但是，如果制定了没有必要的制度，而这些制度又与组织文化或其他制度抵触，或制度本身就不合理，员工就会对所有制度产生否定态度。对陈旧制度的鄙视情绪很容易转移到对新制度的态度上。

最简单的解决方法是：尽量保证所有的规章、条例、政策、程序和操作方法都是合理的并且是正确的。 这些规章制度应当有助于组织取得成果，有助于员工完成工作。

企业发展得越大，就越需要制定更多的规章制度。 即使一切正常运行，随着员工数量和工作场所的增加，规章制度也会相应增加。 但是，如果把规章制度定得过严、过死，就会使员工产生反对意见，认为限制了自己的活动空间。

千万别把规章制定得太严，以至于超出了实际需要，要尽可能多地给予员工灵活机动的余地。 同时，在制定规章制度之前，多听听员工的想法是有好处的，这样制定出的制度才更能得到有效的执行。

制度可能因时而异，若有不合时代要求的制度，就应大刀阔斧地修改或废除。 因为，员工会对陈腐的规定、条例和程序感到灰心沮丧，他们不愿意忍受荒唐的规定和条例的束缚。

所以，管理者必须仔细检查公司的政策和制度，摒弃老套，减少束缚，把杂七杂八的东西推到一边去，清除任何有可能阻碍工作高效运行的事物。

为制定一套合适的制度，管理者应多了解员工有什么问题。 工作过一段时间的员工会对应该做什么有一个一贯的认识，这使得他们往往采用同一方式解决类似问题。 这些既成的措施在大部分情况下可以作为制度使用。

现实中，可能会有一些问题在公司制度中没有明确的规定。 在这种情况下，管理者必须对出现的情况作出书面决定。工作多年的员工也可以根据经验，提出一些有价值的建议。

## 及时察觉损害公司利益的行为

英国里奇蒙德伯爵亨利和国王理查三世要展开一场激战，带领的军队正迎面扑来，这场战斗将决定谁统治英国。战斗进行的当天早上，理查三世派了一个马夫去备好自己最喜欢的战马。

"快点给它钉掌，"马夫对铁匠说，"国王希望骑着它打头阵。"

"你得等等，"铁匠回答，"我前几天给国王全军的马都钉了掌，现在我得找点儿铁片来。"

"我等不及了。"马夫不耐烦地叫道，"敌人正在推进，我们必须在战场上迎击敌人，有什么你就用什么吧。"

铁匠埋头干活，从一根铁条上弄下四个马掌，把它们砸平、整形，固定在马蹄上，然后开始钉钉子。钉了三个掌后，他发现没有足够的钉子来钉第四个掌了。

"我需要一两颗钉子，"他说，"得需要点儿时间再找两颗钉子。"

"告诉过你我等不及了，"马夫急切地说，"我听见军号了，你能不能凑合？"

"我能把马掌钉上，但是钉子不够，不能像其他几个那么牢实。"

"好吧，就这样！"马夫叫道，"快点，要不然国王会怪罪到咱们俩头上的。"铁匠只好凑合着钉了第四个马掌。

两军开始交锋，理查国王冲锋陷阵，鞭策士兵迎战敌人。"冲啊，冲啊！"他喊着，率领部队冲向敌阵。远远地，他看见战场另一边几个自己的士兵退却了。如果别人看见他们这样，也会后退的，所以理查国王策马扬鞭冲向那个缺口，召唤士兵调头战斗。

理查国王还没走到一半，一个马掌掉了，战马跌翻在地，他也被掀在地上，还没有来得及抓住缰绳，惊恐的战马就跳起来逃走了。理查国王环顾四周，他的士兵们纷纷转身撤退，敌军包围了上来。

"马！"他喊道，"一匹马，我的国家倾覆就因为这一匹马。"他没有马骑了，他的军队已经分崩离析，士兵们自顾不暇。很快，敌军俘获了理查国王，战斗结束了。

从那时起，就开始流传一首歌谣：

少了一颗铁钉，丢了一个马掌；

少了一个马掌，丢了一匹战马；

少了一匹战马，败了一场战役；

败了一场战役，失了一个国家。

一个小小的失误，往往可以导致一场战役失败。对于企业也是一样，当管理者面对众多的员工时，未必了解每一个人的性格、品行。而每个人的素质又是参差不齐的，处理事情的动机和方式也是千差万别的，不能同样对待。 作为管理者要时时警惕那些有损公司利益的行为，及时制止这种行为的发生和发展。 哪怕有些事情，你并不是十分肯定，只是表示怀疑，那么就请相信自己的判断，想办法去印证一下，说不定就会挽回一些损失。 如果能及时察觉对公司有危害的行为，在它刚露出苗头时就予以遏制和消灭，就可能避免更严重的危害，甚至是灾难。

某公司的新总裁上任以来，就一直怀疑采购部门的经理和国外的一些原料厂商互相勾结，因为事后发现采购回来的原料比别家的贵，而且品质也不如别家的好。

虽然怀疑，却又没有确凿的证据可以证实，如果直接问采购部经理，他一定不会承认的。 面对这种情况，新总裁就委派一个信赖的秘书调查此事。 调查的结果证明，怀疑果然没有错，这位采购部经理很快被解雇了。

作为一个管理者，一定要认识到哪些人是公司的蛀虫，他们的行为会损害公司的利益；哪些人会严格遵守公司的规章制度，忠心地为公司工作，维护公司的利益。

有的人喜欢高谈阔论，大声喧哗，到处卖弄吹嘘，如果不经过调查核实，你可能会被他们蒙骗。 总之，那些内在空虚、喜好发言的人，往往会赢得别人的高估，以为他富有开创性；相反的，对那些心思缜密、忠实耕耘的沉默者，别人着实会担心："像他那样的人，也能做成大事吗？"作为管理者，千万不要就外表的印象，对员工乱下评论，这是最愚笨的行为。 因为事实证明，有些平日获得管理者高估的人，一旦遇有重大事件，往往是出乎意料的无能。

管理者需要的不是只会说话的人，而是会做事的人。

精明的管理者在听取了部下的报告之后会做冷静客观的调查，以三人以上的谈话结论作为依据，这样才不会误信谎言。

公司里有喜欢打小报告的人是难免的，这种人会被冠上"搬弄是非"的头衔。一般而言，在一些保守而颇具权威的机构中，较容易产生这类喜欢造谣的人物，而在一些民主的企业中，这种人很容易被人一脚踢开。

关于这一点，管理者的责任很重大，要经常留心流传于员工之间的谣言，对那些造谣生事者要提高警觉，要及早发现，及早处理。如果任凭这些行为发展，漫延开来，势必打乱企业正常的工作秩序，影响其他人的工作情绪，严重的会使企业陷入混乱无序的状态，面临严峻的人才流失和效益下滑危机。

## 对违反规章制度的不合理要求坚决说"不"

在任何一个企业，管理者都要面对来自员工的各种借口。员工需要找借口以求从上司那里寻得方便，其中有些要求甚至是违反规章制度的。

管理者在面对这种违反规章制度的不合理要求时，要坚决说"不"。当然，你可以采取较为委婉的方式，就像下面这位经理对他的秘书一样。

在一个极度繁忙的下午，这位经理的秘书突然要求请半天假，因为家具店将送一批家具到家里，他必须回家开门并接收。面对这种情况，没有经验的管理者通常会采取两种对策之一：第一，断然拒绝这种要求，而不理会秘书的感受；第二，因担心触怒他，或是想充当好人而勉强接受他的要求。

以上的对策都是不妥的，因为前者将引起上司与员工的摩擦，并降低员工的士气，后者将会给工作带来损失。管理者应如何拒绝才不至于产生不良后果或使不良后果减至最小呢？看看这位经理是怎么做的："我知道，贵重的物品运到却没有人在家开门，是一件令人担心的事。因此，只要有可能，我很愿意准假让你回家。但问题是，我必须在明日之前把这些文件准备好。不过，我倒有个建议，你为何不打电话给家具店，请他们明天下午再送出家具？那时我会给你足够的时间回家处理私事。"

当然，这样的答复可能仍然难以令员工感到完全满意，但是这位经理至少已采取了当时条件下最好的方式处理这件事。此种方式具有下列五个好处：

第一，上司郑重其事地考虑了他的要求，而非不假思索地一口拒绝；

第二，上司向他表示，他了解家具的运送对他是多么重要；

第三，上司耐心地向他解释为什么不准他请假；

第四，上司让他知道，他是一位得力的助手，这有助于提高他的士气；

第五，上司为他提供了解决家具运送问题的其他可行途径。

当然，在对待一些错误和借口时绝不能纵容姑息。有的管理者过分相信员工的借口，并表现得太亲切。"这只是你的错误想法而已！""这没有什么大不了的！"虽然这只是一些安慰话，但是你并不需要过分地为员工设想，否则就容易滑向纵容姑息的道路。尽管要缜密地思考员工的借口，设身处地地为员工着想，但绝不能因此而纵容姑息。

对于可能产生反抗行为的员工，事先你必须了解他的错误，到时才能有理有据、恰到好处地加以指点，或许他会辩解，你必须静下心来倾听，然后在他的辩解中发现他的误解之处，一旦有夸大事实之嫌时，应马上指出并令其立即改正。

假如工作中遇到难缠的员工，则在事前就应先做好心理准备。有时因事情特殊，需要长时间地讨论、辨识，此时作为一位管理者，更不应该有丝毫胆怯。

有的员工受到斥责时，每每都会提出冗长的辩词，你不妨听听他的理由。但辩词无论如何也只是辩词而已，你必须适时地指出他的错误，并要求其不可再犯相同的错误。

每个人都有自尊心，完全不听员工的辩解是不近人情的表现。如果员工只是单方面地被斥责而没有做出解释，他们必定会觉得不公平。管理者需要做的是，弄清允许员工辩解与纵容姑息之间的区别，做到在管理工作中，既讲究人情，注重方法，又不会因纵容姑息而损害了整体利益。

有时候，许多管理者在动用强制手段时迟疑再三，因为他们发现这经常会引起别人的厌恶。其实，在管理过程中，必要时应该使用强制手段。强制当然令人不愉快，但是简单易行，而且可以避免拖拖拉拉。

如果透露一点有商量余地的意思，作为一名管理者在使用强制手段时可能会遇到麻烦。当然，让员工维护自尊也同样重要，强制手段的风险在于，剥夺了员工的选择权，而对于自己来说，也失去了选择的余地。

强制手段实行时可能会激起反抗，一旦采取了强制措施，解释已无济于事。若是强制失败，唯一的选择是冒险施加更大的压力，如果管理者做不到这一点，他便很难树立威信。另一方面，过分的压制也会适得其反，失去了实施强制手段的意义，超过一定限度，敌视就会产生，并逐渐转变为无动于衷的冷漠。

一旦运用了强制手段，就必须尽力继续下去，即使没有完全达到要求时也不能放松，否则就会功亏一篑。

员工的要求和借口有时候是迫不得已而提出的，作为管理者首先必须维护企业的利益，不应让私人的事情影响工作。当然，一般情况下，管理者应酌情给予考虑和照顾，但如果确实影响到工作，而员工提出的要求尽管可能急迫却并不是合理的，那么，管理者就应该毫不客气地拒绝，应该公事公办。

要做一个成功的管理者必须公事公办，不能好人坏人一起做，而要立场坚定，分清原则，从自身的职务要求出发，分清公私关系。否则只会左右为难，两边不讨好，最终自己也将难以在此职位上待下去。

面对员工违反制度的不合理要求，首先，应该坦诚地告诉员工，只能从公司的利益出发，服从大局。其次，要丢掉私人感情的包袱，一旦有了这种无形的压力，就不可能做到客观公正。只要从公事出发，人情也就自然退居其次。最后，公事公办要求公司上下必须共同遵守制定出来的规章制度，否则严惩不贷。每一个违规行为都要受到同样的处罚，这样才能严明规章制度，做到有效管理。

管理者在管理者员工时，应该对公司负责，对违反规章制度的不合理要求坚决说"不"，这样才能保证公司的良性运营。

第七章

管理要检查，做好每天的日常工作

## 坚持不懈才会有结果

执行力需要坚持，纵观国内外执行力强的成功领导者，无一不是得益于对企业战略决策坚持不懈、坚定不移地执行。能否坚持不懈，是界定领导者执行成功与失败的分水岭。

这种坚持不懈从大的方面来讲，就是中层领导要对企业和部门政策的执行做到始终如一地坚持，不能虎头蛇尾；小的方面则是要严格布置、检查下属的工作，确保每一项工作都能保质保量及时完成。不能在工作中坚持，企业将很难形成自己强劲的执行力。

作为新中国成立后国家投资兴建的第一座百货大楼，王府井百货大楼赢得了太多的荣誉。但是在市场竞争日益激烈的今天，它已经逐渐失去了"中国第一店"的风采。1996 年，王府井高层在谋求变革的道路上迈出了第一步，邀请了著名的咨询公司麦肯锡为其设计集团的主业连锁经营方案；同年，又请了安达信咨询公司开发了计算机管理信息系统；1997 年，又请麦肯·光明广告公司进行了市场营销和广告总体策划。但是，这所有的一切都仅仅是落在了纸上，而没有落实到工作上。耗资500 万请麦肯锡作的战略规划方案最终也没有贯彻下去。

说与做的背离，使得王府井集团失去了在市场上重塑"第一店"的机会。

与此相反，那些能够做到坚持不懈的企业和领导者，即使企业的战略或策略很简单，这些企业和领导者也能将其严格执行、贯彻下去，使其落到实处，从而产生效果。

美国旅馆大王希尔顿的理念是微笑服务，他要求他的员工不论怎样辛苦，都必须对顾客保持微笑。50多年中，他不停地周游世界、巡视各店，每到一处和员工说得最多的就是必须对顾客保持微笑这句话。

在美国经济萧条的1936年，旅馆业80%的企业倒闭，希尔顿旅馆也陷入困境，但希尔顿还是信念坚定地飞赴各地，鼓舞员工振作起来共渡难关，并坚持对顾客微笑。在最困难的时候，他对员工说："千万不要把愁云摆在脸上，不管遭到什么困难，希尔顿服务员脸上的微笑永远属于顾客！"

他的信念得到了落实，希尔顿的服务人员始终以其永恒美好的微笑感动着客人，成为全世界希尔顿旅馆最亮丽的一道风景。

世界上最难的事是坚持。执行力的强弱，就在于中层领导有没有一如既往地坚持下去。只有坚持不懈、贯彻到底，执行才能到位。如果不能长期坚持，半途而废，就谈不上执行力。

当然，坚持不懈不仅是提高企业执行力的关键，也是中层领导能否走向成功的关键。 人生要想成功，就需要坚持不懈，需要有"咬定青山不放松"的韧性。 中层领导只要在工作中发扬"坚持"的精神再加以"不懈"的努力，相信自己的意志和能力，勇于接受挫折的考验，就一定会有丰厚的回报。

## 及时有力跟进，适时有效督促

　　一般看来，作为一个组织的领导者，其任务通常是为组织或部门制定目标，然后组织资源和人力去达成这个目标，以及及时果断地作出必要的决策。 但管理者还有一个同样重要，却为大部分管理者所忽视的任务，那就是对自己的组织或部门进行有效的监控。 然而，不能很好地做到这一点，恰恰是许多的组织执行力低下的主要原因之一。 为什么这么说呢？ 这是因为，大部分管理者在布置任务，作决定后，以为用自己的魅力和激励手段就可以让下属执行和完成各项任务，其实不然，没有有效的监控，工作就得不到很好的执行，因此，领导者要想提高整体的执行效果，就一定要拥有强有力的监控手段。

　　作为欧洲最大的战略咨询公司的创始人和总裁，罗兰·贝格本人可谓日理万机。但凡是和他打过交道的人都知道，他不会忘记任何事，哪怕是一件小事。他每天都接触大量的各色人物，每一件需要自己和别人做的事情他都会用录音机记下来，让秘书打出来并发放给相关的人员。他通常每天会发出 40~50 份给不同人的"内部备忘"。这当然是在完成一个管理者首要的任务：布置工作和作某些决定。但这仅仅是事情的开始。每一份内部备忘都会被写上一个时间，到了这个时间秘书就会把这些内部备忘重新放在罗兰·贝格的案头。当整个系统都习惯并采用这个简单易行的做法之后，监控就是一件十分正常的事情，执行力也就大大地增强了。

彼得是某公司生产部门经理，他从来没有被工厂的问题困扰。当被问及他成功的秘诀时，他说："我没有秘密，一般来说，我安排任务以后，我会跟踪、监控、检查。比如，我手下的瓦特掌管埃克隆工厂，他每天都打电话给我，因为他的前任老板要求必须有一个这样的反馈。我告诉他我相信他的判断，只是希望他每个星期一打一次电话给我，做一个 10 分钟的情况报告。现在他已是一个出色的管理者了。"

监控的关键是了解成员的执行情况，只有了解了这些，才会让成员有效地完成自己的任务。那么，一个企业应该怎样做到适时有效地监控呢？

1. 加强每个组织成员的监控意识

强化监控，首先要强化执行主体的监控意识。如果执行主体缺乏监控意识，监控就会形同虚设。因此，运用强化监控的方法来保证工作任务的执行，最为基础的工作，就是要对执行主体进行思想教育，使其牢固地树立自觉接受他人监控、主动监控他人的监控意识。对执行主体进行思想教育，就是要向其强力灌输法律法规、党纪政纪、工作制度规范、工作责任目标等。

2. 制定严明的监控制度

在强化执行主体监控意识的同时，还必须严明监控制度。青岛海尔集团为了强化企业内部监控管理，于 1991 年创立并推行了"日清"管理控制法（又称 OEC 管理法：Overall Every Control and Clear，"O"表示全方位，"E"表示每人、每天、每件事，"C"表示控制和管理），即全方位对每人每天每件事进行监控和管理。具体地说，就是企业每天所有的事都有人管，做到控制不漏项，所有的人均有管理、控制的内容，并依据工作标准与计划指标对照、总结、纠正，确保达到全过程的控制目标。这一管理方法概括为六句话，即：总账不漏项，事事有人管，人人都管事，管事重效果，管人凭考核，考核为激励。这六句话，表面上看，好像是以物和事为中心的全方位地对每天每人每事进行清理、控制和管理，实际上是以人为中心在一个组织内从整体上管人用人的新方法。

3. 合理地运用不同的监控方式

一般来说，领导者或管理者对工作任务执行的监控方式有以下四种。

（1）跟踪监控。所谓跟踪监控，就是领导者或管理者根据工作计划的进度情况，安排自己在适当的时候，去跟踪检查工作任务的执行情况。

（2）反馈监控。 所谓反馈监控，就是要求任务承担者在一定的时间，一定的情况下，向领导者或管理者汇报工作进展情况以及遇到的问题。

（3）相互监控。 所谓相互监控，就是要求任务执行者相互监督。 如果工作任务的执行者不止一人，可以运用相互监控的方式来进行监控。

（4）注重监控的结果。 监控，关键还在于如何处理监控的结果。 处理监控的结果，重要的是要赏罚分明。 对于执行好的，要总结经验，予以表扬、奖励；对于执行不好的，要查找原因，追究责任。

## 领导团队抓落实的高效机制

领导者抓落实是一项复杂的系统工程，涉及方方面面，但又有其内在联系，为了确保领导团队形成合力抓落实，还需要根据领导者工作行为与落实本身的特点，建立一套高效顺畅的领导者抓落实机制。 总结一些地方的实践经验，领导者抓落实运行机制的基本框架是：责任分工—跟踪督查—定期反馈—及时协调—奖优罚劣。

### 1. 责任分工
把事关经济和社会发展全局的重要任务分解立项到领导团

队每个成员，采取领导者与单位直接挂钩和项目负责制的办法，从上至下层层建立抓落实责任制，定工作责任，定任务指标，定完成时间。

## 2. 跟踪督查

发挥督查人员的作用，对工作任务实施过程进行跟踪，及时了解项目进展情况，催办催报，并定期或不定期地向分管领导汇报，使分管领导者心中有数。

## 3. 定期反馈

建立汇报反馈工作制度，定期召开由领导团队成员和有关部门领导者参加的督查会，由分管领导者或承办单位负责人汇报工作任务落实进度、存在问题和意见要求等，也可把每项任务落实进展情况通过电视、电台、报纸等形式对外公布，公开接受群众的监督，使决策落实工作保持在一个受监控的环境下运转。

## 4. 及时协调

对存在问题和落实较差的工作或单位应由领导者召集有关人员分析原因，提出解决的办法，对涉及多个部门的重大问题，领导者主动出来协调，该由领导者拍板解决的，就及时决断，绝不模棱两可，避免影响问题的具体解决。在协调过程中，属于多个领导者分管的工作，应明确牵头领导，其他分管领导要积极配合牵头领导搞好工作，牵头领导也应主动地与其他分管领导多商量，多征求意见，多通报情况。

5.奖优罚劣

奖罚分明，深得人心，能够较好地产生激励与约束效应。

由于各领导成员所处位置不同，对抓落实的要求也不一样。但一般来说，抓准落实的切入点，十分关键。具体地说，要着力抓重点、抓典型、抓不落实问题。

所谓抓重点，就是紧密围绕党的中心工作抓落实。党的路线、方针、政策和党委的重大决策、重要工作部署，是党在一定时期里的中心工作。中心工作贯彻落实得如何，具有牵动全局的作用。对重大决策部署，要吃透精神，在全面了解情况的基础上，掌握内在联系，善于从一般情况中发现问题，筛选突出问题，抓住主要矛盾和矛盾的主要方面，进行重点落实。一个时期抓一两个关键问题，集中力量，协调各方，实现突破，带动全局。

所谓抓典型，就是用解剖麻雀的方式，在分析研究的基础上，善于找出规律性的东西，总结各种不同代表性的典型，发现和反映带有普遍性、政策性、倾向性和根本性的问题，运用典型的示范作用，举一反三，推动全局工作的落实。对先进典型要大力扶持，积极帮助总结经验；对落后的典型要抓住不放，弄清问题，总结教训，推动决策的落实。

所谓抓不落实问题，就是抓决策贯彻落实中的难点问题，把了解和反馈的重点放在决策实施中不落实的问题上，找出不落实问题的原因，及早采取对策，直到决策落实为止。

# "抓住中心环节" 的日常工作管理艺术

　　毛泽东同志说，世界是由各种矛盾组成的，在众多的矛盾中，必有一对是起支配作用的主要矛盾，紧紧地抓住并致力于解决这对主要矛盾，其他矛盾就可以迎刃而解。抓住中心环节的工作艺术，就是指抓主要矛盾的艺术。要善于从纷繁复杂的工作头绪中找到并紧紧抓住最能影响全局、可以带动整个工作链条前进的中心环节。列宁对这一领导艺术曾予以精辟的概括，他在《怎么办》一书中指出："全部政治生活就是由一串无穷无尽的环节组成的一条无穷无尽的链条。政治家的全部艺术就在于找到并且紧紧掌握住最不容易从中被打掉、目前最重要而且最能保障掌握住它的人去掌握整个链条的中心环节。"

　　掌握和运用抓住中心环节的工作艺术，首先需要在繁杂的工作中找出哪项工作是整个工作的中心环节。中心环节有两个特点：一是客观唯一性，在一定范围和一定时间内，中心环节只能有一个；二是辩证发展性，它随着时间的改变、工作部门以及条件的改变而改变。旧的主要矛盾解决了，新的主要矛盾又来了，因而新的中心环节又被提到议事日程上来。

　　明确中心环节的特征，对于人们寻找和确定中心环节具有重要意义。时间跨度越长，工作环节越多，寻找中心环节的难度就越大。在一般情况下，寻找、确定和抓住中心环节，需要注意把握好以下几点。

### 1. 依据宏观的中心环节来确定

各个行业、各条战线、各项工作的中心环节是微观的中心环节。微观的中心环节必须受制于宏观的中心环节，以宏观的中心环节作为依据。

### 2. 一定的时间内只能确定一项工作作为中心环节

由于中心环节的客观唯一性，就不能同时确定多项工作为中心环节，毛泽东同志在《关于领导方法的若干问题》中指出："在任何一个地区内，不能同时有许多中心工作，在一定的时间内只能有一个中心工作，辅以别的第二位、第三位的工作。因此，一个地区的总负责人，必须考虑到该处的斗争历史和斗争环境，将各项工作摆在适当的地位；而不是自己全无计划，只按上级指示来一件做一件，形成很多的'中心工作'和凌乱无秩序的状态。上级机关也不要不分轻重缓急地没有中心地同时指定下级机关做很多项工作，以致引起下级在工作步骤上的凌乱，而得不到确定的结果。"在实际工作中存在着这样的一种现象，上级各主管部门同时给下级布置不同的"重要"工作，都要求置于工作中心，务必领导者挂帅，从而使得下级无所适从，疲于应付，不得不"走过场"。这是一种"劳而无功"的领导方法。纠正的措施是：地区领导者要统揽全局，综合各主管部门的工作，并依据轻重缓急依次排队，统一政令，每次只布置一项中心工作。

### 3. 要全力以赴，集中力量去完成中心环节的工作

中心工作确定之后，应该集中一定的人力、物力和财力去突击完成，不能打"疲劳战""拖拉战"，消磨掉人的精力和热

情，要制订切实可行的计划和措施，排除干扰，抓紧抓好中心工作。毛泽东同志指出："对主要工作不但一定要'抓'，而且一定要'抓紧'。什么东西只有抓得很紧，毫不放松，才能抓住。抓而不紧，等于不抓。"

## 善于给下属发布命令

发布命令是领导者的日常工作之一，也是领导者进行有效管理的一个重要技巧。它就像领导者的一个权杖，用以体现他的权威和能力。领导者的许多工作都是通过向下属发布命令来完成的。离开了发布命令，领导者要么无所作为，要么事必躬亲，而这两种情况都是有悖领导职责的。

由于有些领导者经常发布一些未经思考的命令，有的命令让下属走错了方向，做错了事；有的命令让下属不知所云，茫然失措。所以，能否正确发布命令已经成为影响领导者职业发展的一个瓶颈。

1. 领导者发布命令中的常见问题

（1）没有找对人。有的领导者不管事情的性质、内容，也不管到底应该由哪些部门哪些人负责，全部让自己可以放心的人负责。还有的就是特别忙碌的领导者，在忙起来的时候喜欢瞎抓，不管事情应该谁负责，也不管下属能不能胜任，只是抓来就用。

（2）没有说对事。 有的领导者在没有弄明白所要办理事情的内容之前，就匆匆找到下属简单交代两句，然后再匆匆从下属眼前消失。 这样发布命令，很容易导致领导者自己都不明白自己要的是什么，下属当然更不明白，直接导致下属办事效率低下，有时为了一件事情要来回跑好几趟，下属不但心情受到了影响，对领导者的信心也会逐渐地下降。

（3）没有说清楚。 有的领导者在发布命令的时候喜欢言简意赅，多说一个字都不愿意。 这样，就使得下属不知道该找谁，该怎么办，该在什么时候办完，办到什么程度才算满意，这一系列的问题，领导者都没有交代清楚，下属不能高效地完成的同时又影响了下属的士气。

由于领导者的权威，下属尽管没有听清楚，也不敢去问，在没有办法的情况下只能拖延，最后事情没有办好，下属的拖拉作风却逐渐养成了。

## 2. 领导者该如何发布命令

（1）明确命令的要求。 当领导者想要做一件事情或者接到一个任务需要交代下属办理时，首先要明确该任务的要求是什么，什么时间内完成。

（2）明确办事的下属。 根据下属的岗位职责，结合所需办理的事情，确定需要接受命令的下属。

（3）传达命令。 将所要办理的事情明确清晰地传达给下属，告诉下属这是一件什么事情，需要办到什么程度，截止的日期是什么时候，让下属清楚每一个环节。 尤其是截止时间，因为一旦下属不明确截止时间，他就不知道该如何安排工作的进度，也就会影响工作完成的效果，影响工作效率。

（4）做好控制。 命令发出之后，就等于领导者的日程安排上多了一件事情，领导者需要根据自己的命令确定任务的验收时间，做好对下属工作的控制，在截止时间之前与下属确认任务的完成情况。

发布命令是有学问的，是需要领导者耐心研究、仔细运用的。 领导者应对之进行有效的研究和使用，使之成为领导者成功实现自我价值的权杖。

## "抓薄弱环节" 的日常工作管理艺术

孔明借东风，是一个脍炙人口的故事。 从这个故事中可以看出，欠东风是制约全局的薄弱环节。

三国时期，周瑜与曹操在长江赤壁决战。曹操兵多将广，实力强大。周瑜请来诸葛亮共商破曹大计，诸葛亮说："欲破曹公，宜用火攻，万事俱备，只欠东风。"于是，诸葛亮七星坛祭天借风，周瑜三江口纵火攻曹，火借风势，风助火威，东吴大败曹操。可见，打胜赤壁之战，需要的是东风。而赤壁之战的胜利，也是孔明借东风的直接结果。东风，在战役中起到了决定性的作用。

这个故事蕴含着一个抓薄弱环节的道理。 所谓薄弱环节，是指对全局工作有重要作用甚至是决定性作用，而本身的条件即人力、财力、物力又不足以实现这个作用的环节。为了推动全局工作发展，需要向薄弱环节投入较多的综合力量，并做有效的工作，这就称为抓薄弱环节。

薄弱环节和中心环节既有共同之处，又有不同之点。其相同之处是：二者都能影响全局，抓得好与不好对全局工作有举足轻重的影响，甚至起支配作用，因而需要人力、物力、财力、技术等向它倾斜。其不同之处是：中心环节好比是"牛鼻子"，套住了"牛鼻子"就能牵动全局的发展，因而允许它经常处于综合力量上的优势状态；而薄弱环节好比是"卡脖子"，它是阻碍发展的障碍，它的薄弱使全局处于失衡状态，需要加强力量直到使全局达到平衡为止。

对于现代领导者来说，整体工作中出现了薄弱环节，导致整个工作发展不平衡是经常存在的问题，薄弱环节出现的原因有的是数量上的，有的是质量上的，也有的是二者皆有之。加强薄弱环节应从人力、物力、财力等方面实行向薄弱环节的倾斜政策，集中力量打通瓶颈，铲除"卡脖子"的障碍，强化薄弱环节，使各个因素达到平衡。在工作中，通过努力把薄弱环节转化为优势环节，于是又会出现新的薄弱环节。这样，一次又一次地抓薄弱环节，一次又一次地由不平衡到平衡，每一次抓薄弱环节都使整个工作进到了高一级的程度。

领导者抓薄弱环节的转化，做好平衡工作，还需要注意以下两点。

### 1. 必须在动态中谋求平衡

转化薄弱环节的工作不是一劳永逸的事情，在一个系统内部，各个孤立的局部或部分，有的表现为优势环节，有的则表现为劣势环节，二者又是相互转化的。诚然，我们可以通过一定的努力把劣势环节转化为优势环节，但是原有的任何一个优势环节由于其内部特性的规定、外部因素的影响都可能转化为劣势环节，从而使整个系统出现新的薄弱环节。即使没有这种明显的转化，薄弱环节也有个相对的问题，也就是说占主导地位的薄弱环节克服了，而处在次要地位的薄弱环节又会升居到主导地位上来。如前所述，薄弱环节的克服会产生一种"瓶颈效应"，只有不断地抓薄弱环节，在动态中做平衡工作，才能把整体工作不断地推向更高的水平。

## 2. 必须着眼于积极的平衡

在抓薄弱环节的过程中，采取措施克服各种条件的限制和多种因素的制约，促其向优势环节转化，这叫积极的平衡。相反，不做主观努力，采取削弱优势环节的办法来迁就薄弱环节，虽然也能达到一种协调和平衡，但这是消极的平衡。领导者必须立足于现实可能，着眼于积极的平衡，否则，平衡工作所产生的将是负效应。然而在区分积极的平衡和消极的平衡时，人们常会被一些表象迷惑。比如，一个企业在经营中面临的主要问题是品种老化、质量低劣，如果不是放慢速度，腾出力量开发新品种和加强质量管理，而是把工作重点放在扩大生产能力、追求产值和利润上，看起来是在为追求效率和速度做积极的平衡，但是这种做法脱离了客观条件，实质上是一种消极的平衡。

# "反弹琵琶"的日常工作管理艺术

　　"反弹琵琶"来源于敦煌壁画上的一幅仕女图。壁画中的这位仕女，在弹奏琵琶时，不是"犹抱琵琶半遮面"地正面去弹，而是将琵琶放在身后，反手去弹。这幅壁画的寓意告诉我们：弹琵琶不能只是"拘泥于古法"地一味正弹，也可另辟蹊径；反弹同样能奏出妙音，并且在技巧、姿势等方面比正弹的难度更大，从而给人留下更深刻的印象。借"反弹琵琶"来比喻一种领导者的管理艺术，是要形象地说明领导者在决策和处理问题时，要善于多方考虑，以反求正，以目促纲。"反弹琵琶"的领导艺术，对于改变一些领导者多年习惯的"一贯制""一刷子"的领导方式有着重要意义。

　　"反弹"需要"反思"，但不重在"思"而重在"弹"上。"反弹"体现着"反"，但不等同于"对着干"，而是在目标一致的基础上的一种另辟蹊径的技艺。领导工作中一些问题的突破或解决，就需要这种技艺。

　　"反弹琵琶"的领导艺术的主要内容，可以简单地概括为以下四个方面。

## 1. 多角位性

　　多角位性，即领导者在认识和处理问题时，不搞单一的"正弹"，如同俗话所说的"不在一棵树上吊死"，而是要多视角、多方位地去考虑和解决问题。常言道，"狡兔三窟"。面对复杂的形势和许多新出现的问题，领导者如不多想几种可能，多做几种准备，多用几种方法，从不同的角度、不同的方位去深思、权衡协调或克服，就不会有主动权。"上面咋说就咋干""以不变应万变"，这种对待问题、处理问题的态度是一种笨拙的僵化的办法，它会使领导者处处被动。有些领导者，爱以简单的"直来直去"自喻，分析和处理问题往往显得天真，改变这种状况的有效办法之一，就是学习和运用"反弹"艺术的多角位性。要把琵琶弹得好，当然可以按常规去正弹，但许多新情况、新问题却更多地要求去反弹，要眼、耳、手、身多方有机配合。

## 2. 逆向反成性

在某些情况下，领导者决策和处理问题要以"反"去求"正"，才是最好的办法。也就是有意向解决问题的反方向（逆向）发展，最终却能达到实现正方向解决问题的目的。正向和逆向针锋相对，而在"反弹"艺术中却将两者有机地统一起来。人们常说的"相反相成"正是对"反弹"艺术这一属性的简明概括。无论是古代还是现代，都有许多利用逆向反成性取得成功的例子，还有"以攻为守""以毒攻毒""以柔克刚"等，都充分反映了"反弹"艺术的逆向反成性。"欲速则不达"，慢对快来说是反的，但在某种条件下以慢去求快，却能得到真正的快。

## 3. 以目促纲

所谓以"目"促"纲"，就是领导者在决策和处理问题时，要用"目"的发展去促进"纲"的提高。实践证明，只单纯地去抓"纲"，为"纲"而"纲"，不仅"目"带不上去，而且往往连"纲"也上不去。我们不否认，在许多情况下，"纲举"的确能使"目张"。从领导艺术的角度来说，这是许多领导者所熟悉的"正弹"。但是在一定条件下，"目张"也能使"纲举"。注意抓"目"，就是对单纯抓"纲"的"反弹"。

"纲"与"目"的关系，在领导工作中经常表现为如何处理典型与一般的关系。抓典型带动一般，这是一种领导艺术；抓一般促典型，这也是一种领导艺术。这种艺术不仅看到典型的引路、榜样作用，还看到一般、非典型对典型的补充、促进作用，以及非典型成为新典型的可能性。若只顾树立典型，而不用非典型去"反弹"一下典型，典型就不可能在群众中真正扎住根。用非典型去促进典型，就会使典型本身更具有说服力和感染力。


4. 修正与突破性

修正与突破性主要是指对于那些不符合时代、脱离实际的东西，善于明确、及时地给予修正或否定。这正是一般人理解的本义上的"反弹"。它是要"反"掉僵化模式，"弹"掉不合时宜的结论、方式。"反弹"艺术的修正与突破性，包含了某种程度的革命性变革，但绝不是简单的"推翻"，而是有机的自我完善和发展。"反弹琵琶"本身就是对传统"正弹琵琶"的突破，借用它比喻的领导艺术，是一种具有突破性的艺术。而用这种艺术去解决问题，必然有着修正与突破性的特点。

## 日常工作管理效能的目标管理

在领导者的日常工作管理中，常常有以下几种不良倾向。

（1）应付式管理，也叫"危机管理"，就是一个领导者对本部门工作抱着应付的态度。平常相安无事，高枕无忧，只是等到出问题之后，才出面进行"善后处理"。由于缺乏预见性，工作被动，结果往往是出事越来越多，领导者陷进疲于应付的恶性循环之中。

（2）自下而上地围绕顶头上司的意见转。认真贯彻执行上级指示是正确的，但下级对上级唯唯诺诺，不分青红皂白、不分具体情况地硬性照办，甚至下级成了上级领导者个人喜怒哀乐的应声虫，使一个单位的工作重心和价值取向由上级领导者的个人兴趣和意图来左右。

（3）无休止的内部矛盾。一个单位内部的各部门、各子系统之间，在责、权、任务、利益上扯皮、推诿、埋怨、明争暗斗，成为一种"内耗性磨损"。

（4）压迫式管理，也叫紧逼管理，指领导者生怕下属偷懒、耍滑，对手下人干事不放心，因而对下属盯得很紧，处处监视督阵，时时说教指点，使下属感到头上有个"金箍"，有压抑感。

针对上述管理上的不良现象，国外的管理学者提出了"目标管理"理论，把它作为提高领导者日常工作管理效能的方法。 这个理论的基本内容如下。

(1)确定本单位在一定时期(一般为一年)内的总工作目标，即确定几项主要工作任务。

(2)将总工作目标自上而下地逐级分解，可以一直分解到个人。

(3)各级根据自己的工作目标，制定工作措施并认真实施。

(4)上级要给下级实现目标的相应权力和一定的工作自由。

(5)上级定期检查考核下级实现目标情况，并进行工作讲评与奖惩。

目标管理的基本思想是：领导者不是自上而下地对下属实行直接控制和监督，而是通过制定明确的工作目标，给各个部门以相应自主权，实行自我激励、自我控制，借以发挥各层次领导者的责任心和主动性，使领导者个人或少数人负责变为群体或整体负责。 实行目标管理后，不必事事由上级来指示和推动，而是各级干部主动地按照既定的目标去工作。 这种领导方式和管理方法不太注重执行者完成任务的过程，而是以最后达到的目标、完成的成果来评价下属的优劣。 认真实行目标管理，上述管理上的种种不良倾向将大为减少。

实施目标管理的一般步骤如下。

1. 精心制定单位的总目标和各项分解目标

领导应和本单位的管理人员、智囊人物一起，按照上级指示和工作要求，在充分论证研究的基础上，制定出本单位在一定时期内奋斗的总目标；经与下属各部门认真协商，再把总目标分解到各个部门；然后再依次分解下去，直到分解到个人头上，或分解到不能再分解的部门为止。 确定目标时应把握的原则：一是适度性，目标不能定得太高，也不能太低；二是目标的内容必须尽量具体化、数据化、时效化，不能仅仅做抽象性描述，使目标的伸缩性过大，要充分提高它的可操作性；三是有明确的奖惩措施；四是充分公开，广为宣传，要将总目标、分解目标完成的时间要求以及具体奖惩措施列成表，画出运行图，布置在本单位的显眼之处，供人们经常性地过目，促进形成自我激励和相互竞争意识。

### 2. 全力以赴地实施各项目标

要做好思想动员工作，把全体员工的干劲鼓足，要认真地为下属各部门排忧解难，使下属完成分解目标的工作能顺利进行。有些协调性、配合性很强的工作，领导者要到薄弱环节上去解决问题。

### 3. 如期讲评各项目标的完成情况

讲评最好在隆重的全员大会上进行，要大张旗鼓地表扬实现目标出色的好人好事；保证按事先确定的奖惩措施兑现，不能失信于众。

以上三个步骤，构成了一个目标管理的活动周期。

实行目标管理能够有效地提高领导者的日常工作管理效能：第一，目标确立后，势必"逼迫"着领导者去为实现目标而积极努力，也有明确的努力方向，这能有效地克服被动的应付状态；第二，目标形成了上下努力的方向和注意的中心，人们的工作安排就会有意识地围绕目标旋转，这就出现了"目标导向"的态势，因而有效地克服了"唯上"倾向；第三，由于目标层层分明，各层次、各部门以至每个人都有自己明确的工作任务，责任明确，就能调动全员奋斗的热情，能有效避免内部扯皮；第四，全体成员各自为实现目标而努力，员工能提高自己的主人翁意识，领导者适当超脱一点，才能有精力去思考更重要的全局性问题。